GenussHappen

Nicht für nebenbei!

Christine Carus & Regina Lehrkind (Hrsg.)

FSC
www.fsc.org
MIX
Papier aus ver-
antwortungsvollen
Quellen
Paper from
responsible sources
FSC® C105338

GenussHappen

Nicht für nebenbei!

Christine Carus & Regina Lehrkind (Hrsg.)

Mit einem Vorwort von André Bilz

Edition Hagener BuchWerkstatt

Bibliografische Information der Deutschen Nationalbibliothek: Die Deutsche Nationalbibliothek verzeichnet diese Publikation in der Deutschen Nationalbibliografie, detaillierte bibliografische Daten sind im Internet über dnb.dnb.de abrufbar.

Verlag: BoD · Books on Demand GmbH, In de Tarpen 42, 22848 Norderstedt, bod@bod.de
Druck: Libri Plureos GmbH, Friedensallee 273, 22763 Hamburg
Coverdesign: Regina Lehrkind BuchWerkstatt – Vorlage Canva
Buchumschlag & Buchsatz: Krüger Buchdesign, Mika M. Krüger
Lektorat & Korrektorat: BuchWerkstatt Regina Lehrkind, Satzkrobatik Yvonne Powell
ISBN: 978-3-7693-3853-9

Haftungsausschluss

Die Wiedergabe von Gebrauchsnamen, Handelsnamen, Warenbezeichnungen usw. in diesem Werk berechtigt auch ohne besondere Kennzeichnung nicht zu der Annahme, dass solche Namen im Sinne der Warenzeichen- und Markenschutz-Gesetzgebung als frei zu betrachten wären und daher von jedermann benutzt werden dürfen. Trotz sorgfältigem Lektorat können sich Fehler einschleichen. Autor und Verlag sind deshalb dankbar für diesbezügliche Hinweise. Jegliche Haftung ist ausgeschlossen, alle Rechte bleiben vorbehalten.

Externe Links

Die Autorin / der Autor übernimmt keinerlei Gewähr für die Aktualität, Korrektheit, Vollständigkeit oder Qualität der bereitgestellten Informationen. Alle Inhalte dieses Buches wurden sorgfältig und besten Gewissens zusammengetragen. Sie spiegeln die persönliche Meinung und Erfahrung der Autorin / des Autors wider. Die Autorin / der Autor übernimmt daher keine juristische Verantwortung oder Haftung für Schäden, die durch eventuelle Fehler oder fehlerhafte Anwendung entstehen, und erhebt keinen Anspruch auf juristische Korrektheit sowie inhaltliche Vollständigkeit. Die Umsetzung erfolgt ausdrücklich auf eigenes Risiko. Es gibt keine Garantie dafür, dass alles genau so, bei jeder Leserin / jedem Leser, zu genau den gleichen Ergebnissen führt.

INHALTSVERZEICHNIS

Vorwort

„Ich bin ein ausgesprochener Genussmensch." Diesen Satz habe ich bei meinen Vorträgen und Tastings schon ganz oft gehört und auch bereits ganz oft selbst formuliert.

Genuss ist vielseitig. Als ausgebildeter Edelbrand Sommelier beschäftige ich mich bereits viele Jahre mit Sensorik. Allerdings ist die Frage, wie sich Genuss überhaupt definieren lässt.

Beruflich betrachte ich Genuss oft aus wissenschaftlicher Sicht. Bei der Sensorik geht es für mich im Wesentlichen um Aromen. Primäraromen stammen aus den Rohstoffen wie Obst oder Getreide. Sekundäraromen stammen aus den Verarbeitungsverfahren wie Gärung und Destillation und Tertiäraromen aus der anschließenden Reifung, die zum Beispiel in einem Fass stattfinden kann. Man beschäftigt sich mit aromenbildenden Esterketten, chemischen Verbindungen, Texturen, die maßgeblichen Einfluss auf das Mundgefühl haben und mit Umgebungseinflüssen, die auf das Produkt wirken. Auch Fehlaromen spielen eine Rolle, wenn es um Genuss geht. Diese können auch negative Auswirkungen haben. Fehlaromen müssen erkannt und beschrieben werden und es ist wichtig zu wissen, wie man mit diesen umgeht. In einigen Fällen lässt sich ein Destillatfehler beheben, in dem man ggf. auf bestimmte Reifeverfahren zurückgreift, um den Fehler möglicherweise durch oxidative Vorgänge wieder auszugleichen.

Beim Foodpairing prüft und entscheidet man, welche Aromen im Zusammenspiel eine positive Wirkung entwickeln, oder welche gegensätzlichen Aromen man zusammenbringen kann, um ggf. ein Produkt interessanter zu machen oder hervorzuheben.

Ganze Studiengänge und Berufsgruppen wie Destillateure, Winzer oder Brauer beschäftigen sich unter anderem mit dem Ziel, besondere Genussmomente herzustellen.

Folgt man einem eher philosophischen Ansatz, kann ein Genussmoment aus Musik entstehen, einem Sonnenstrahl im Frühling, oder einem anregenden Gespräch mit einem guten Freund. Genauso ist Genuss auch die Leidenschaft, stundenlang euphorisch zu fachsimpeln, zu interpretieren und mit einem Kaminfeuer die richtige Atmosphäre zu schaffen, wenn es grau und regnerisch ist.

Erst das lange Gespräch mit der Autorin Regina Lehrkind hat mir gezeigt, dass es eben nicht immer nur um den wissenschaftlichen Ansatz geht. Für mich als Radsportler kann Genuss eine tolle lange Abfahrt nach einem anstrengenden Passanstieg in den Südtiroler Dolomiten sein. Genauso gern genieße ich einen entspannten Besuch im Biergarten, wenn im Frühjahr die Sonne scheint und die Bäume gerade wieder grün werden. Genuss ist vielseitig und die Kunst ist es, dafür ein Bewusstsein zu entwickeln.

Nach unserem Gespräch habe ich mir vorgenommen, mir dafür mehr Zeit zu nehmen und meine eigenen Genussmomente bewusst zu erleben. Dies ist auch das Ziel dieses Buches. Das Schaffen von Bewusstsein für Genuss und des Moments, außerhalb von Konsum und Alltag. Eines meiner Tastings trägt den Titel „Genuss ist Kunst!" Darin geht es nicht nur um Edelbrände, sondern es kombiniert dies mit der Welt der Weine, hochwertigen Fleisch- und Käseprodukten und besonderen handgemachten Schokoladen.

Jetzt weiß ich, dass die Kunst auch darin bestehen kann, diejenigen Momente zu erkennen und wahrzunehmen, die uns in unserem Alltag begegnen und die wir in unserer Routine übersehen.

André Bilz

-Edelbrand Sommelier-

***alle Rechte vorbehalten.

Einleitung

Genuss ist für mich essenziell, denn ich bin ein Gourmet des Lebens! GenussGlück zeigt sich mir in seiner Vielfältigkeit in vielen kleinen Momenten des Lebens.

Die Leidenschaft eines Kochs für sein Handwerk in den zubereiteten Speisen durch den Tanz der Aromen in meinem Mund zu erleben, ist etwas ganz Besonderes für mich. Der passende Wein zu den Gerichten, der mit den Aromen von Fleisch, Fisch, Gemüsen, Desserts, etc. korrespondiert, gibt dem Ganzen einen Rahmen. Wein, der durch sein vielschichtiges Bukett, seine intensive Aromatik in der Nase und am Gaumen, sein Gleichgewicht zwischen Charme und Struktur und einem angenehmen Nachgeschmack besticht, berührt meine Sinne. Die Reben, die der Wechselhaftigkeit und den Launen der Natur, der Kraft der Sonne ausgesetzt sind, brauchen das Wissen des Winzers, um zu einer einzigartigen Komposition im Fass zu reifen. Raum und Zeit, durch das Lesen und das tiefe Eintauchen in eine Geschichte, zu vergessen, schenkt mir entspannende Momente fernab meines Alltags. Musik ist für mich ein wichtiger Genussverstärker, da sie Emotionen in mir weckt. Manchmal ruft sie längst vergessene Erinnerungen hervor. Sie ist eine unerschöpfliche Quelle für mich, um Klangfarben, Klangwelten, Freude und Entspannung zu erleben.

Massagen helfen mir, meine Verspannungen zu lösen und schenken mir Entspannung und Wohlbefinden. Die Verwendung eines Massageöls schenkt zusätzlich olfaktorischen Genuss, der die Sinne berührt und ein tiefes Gefühl von Geborgenheit auslöst. Massagen können in einer Partnerschaft wundervolle und sinnliche Momente schenken und eine tiefe Quelle des Genusses sein.

Die Freude an der Bewegung, Spaziergänge mit dem Hund in der Natur, und noch so vieles mehr, kann dazu beitragen, dass wir ein genussvolles und ein erfülltes Leben führen. Wir müssen nur herausfinden, was uns Freude bereitet, und dabei offen sowie neugierig für neue Erfahrungen bleiben.

Zusammengefasst lässt sich sagen, dass Genuss eine positive Sinnesempfindung ist, die sowohl körperliches als auch geistiges Wohlbehagen auslösen kann. Genuss wird subjektiv empfunden und damit sehr individuell wahrgenommen. Um Genuss erleben und leben zu können, müssen Hingabe und Genussfähigkeit gegeben sein.

Unsere Genussfähigkeit erliegt oftmals im Alltag diversen Störfaktoren, so dass uns diese im Laufe der Zeit verloren geht. Für unsere emotionale und geistige Gesundheit sowie unser Wohlbefinden ist es unabdingbar, sich an irgendetwas zu erfreuen oder Vergnügen zu empfinden.

Es liegt an uns, welche Sichtweise wir auf das Leben wählen. Es ist unsere bewusste Entscheidung, die Mut und Klarheit erfordert, wenn wir dem Positiven dem Vorzug geben und uns vom Negativen abwenden. Durch die Veränderung unserer Gedanken, können wir unser Gehirn physisch verändern. Das Denken ist veränderbar.

120 Tage lang schenken Christine Carus und ich dir Impulse, teilen unsere Gedanken, um dein Genussbewusstsein zu wecken, zu erweitern

und zu stärken. Am Ende jeder Woche bekommst du die Möglichkeit dich zu reflektieren und deine Fortschritte zu dokumentieren.

Wir laden dich ein, auf eine besondere Reise mitzukommen und tägliche Genusshappen zu genießen. Wir wünschen uns, dass du durch dieses Buch ermutigt wirst, dein Leben voller Genuss und mit Genuss zu gestalten. Mögest du dir in Liebe, Stärke und Vergebung begegnen an den Tagen, an denen es dir schwerfällt zu genießen.

Finde deine Glücksformel und werde Gourmet – Genießer deines Lebens!

Herzlichst,
Regina Lehrkind

GenussHappen
Anleitung

Genuss tut Körper und Seele gut. Leider nehmen wir uns selbst die Fähigkeit zu genießen mit unserem hektischen Alltag, dem Wunsch alle Ziele zu erreichen, allen Menschen aus unserem Umfeld zu genügen, immer mehr. Materieller Besitz verschafft uns kurzfristige Befriedigung, Fastfood und einseitiges Kochen rauben den Genuss am Essen, wir gewöhnen uns an Routinen, die letztlich Körper und Seele schaden.

Mit diesem Buch hast du dich bewusst für einen neuen Weg entschieden. Tägliche Gedanken, Impulse, Geschichten, Anleitungen u.v.m. werden dir helfen, deine fünf Sinne (VAKOG) zu schulen, so dass du dein eigenes Rezeptbuch zum Lebensgenuss schreiben kannst.

Sechs Tage bekommst du sehr individuelle Puzzleteile bzw. Bilder skizziert, wie wir Autorinnen Genuss leben und erleben. Das kann für dich im persönlichen Erleben völlig anders sein. Letztlich soll es dich inspirieren, deinen Weg zum Genuss zu finden.

Am siebten Tag der Woche reflektierst du dein Verhalten der vergangenen Tage und darfst dich auf die neue Woche vorbereiten. Dazu stellen wir dir Fragen, die dir helfen sollen, einen Einblick in deine bisherige Lebens- / Genussgestaltung zu bekommen. Du wirst Klarheit darüber gewinnen, welche Genussmomente du erlebt hast und wie du diese verändern möchtest. Schritt für Schritt wirst du in diesem fortlaufenden Prozess konsequenter und liebevoller mit dir umgehen. Die Genussmomente in deinem Rezeptbuch werden ein neues Farbbild bekommen und sich kontinuierlich weiterentwickeln.

Freunde und Bekannte der Autorinnen haben dieses Buch mit ihren Genussmomenten bereichert.

Wir wünschen eine genussvolle Reise!

WOCHE 1
GenussHappen

Das Erleben von

GenussGlück

hat seine Wurzeln

in Selbstliebe, Liebe und Achtsamkeit!

Regina Lehrkind

WOCHE 1
GenussHappen

Ach, nicht schon wieder … Das darf doch wohl nicht wahr sein!?

In meiner Lieblings-Chocolaterie gibt es immer wieder Bruch- Schokolade – zugegebenermaßen zu einem fairen, aber hohen Preis. Ich nahm mir heute von drei verschiedenen Sorten die kleinsten Bruchstücke mit; insgesamt 139 Gramm.

Köstlich.

Köstlich?

Ich hatte in null Komma nichts Schokolade im Wert von acht Euro verschlungen und stellte mir die Frage, ob das wohl der richtige Weg sei …

Christine Carus

WOCHE 1
GenussHappen

GenussMomente erleben wir über unsere fünf Sinne!

Visuell – Sehen | mit den Augen wahrnehmen

Auditiv – Hören | mit den Ohren wahrnehmen

Kinestätisch – Spüren | mit dem Körper wahrnehmen

Olfaktorisch – Riechen | mit der Nase wahrnehmen

Gustatorisch – Schmecken | mit dem Mund wahrnehmen

Was wird dein persönlicher WOW-Moment sein, den du dir heute gönnst?

Regina Lehrkind

WOCHE 1
GenussHappen

Donnerstag

Ein Ort.

Ein Kraftort.

Meine Energie.

Genuss!

Christine Carus

WOCHE 1
GenussHappen

„Manchmal lege ich mich nach dem Frühstück auf meinen Fernsehsessel. Dann mache ich mir die Glotze an als Untermalung und schlafe noch einmal ein bis zwei Stündchen.

Ich habe immer gerne geschlafen.

Allerdings gab es viel zu tun und deswegen kam der Schlaf oft zu kurz. Was für ein Genuss, dass ich es mir heute – mit 89 Jahren – erlauben kann zu schlafen, wann immer ich möchte und soviel ich möchte. Einfach wunderbar!", sagt meine Mutter!

Christine Carus

WOCHE 1
GenussHappen

Genussmoment

Tiefrotes Funkeln

Dichte offenbarend

für das Auge ein Sternenmeer

Aromen reifer Früchte

in Nasen steigend

verführerisch

am Gaumen explodierend

ein Potpourri

leichte Anspielungen

sensationelle Länge

sich anschmiegend

Genusslust

Regina Lehrkind

WOCHENREFLEKTION
GenussHappen

Was ist diese Woche besonders gut gewesen?

....
....
....
....

Wofür bist du dankbar?

....
....
....
....

Worauf bist du stolz?

....
....
....
....

Was macht dich glücklich?

....

....

....

....

Sei ehrlich zu dir! Wieviel Zeit hast du dir gegönnt?

....

....

....

....

Sei ehrlich zu dir! Wieviel Zeit hast du dir genommen, um zu genießen?

....

....

....

....

Was sind deine Genuss-/Ziele für die kommende Woche?

....

....

....

....

Was möchtest du nicht mehr tun, weil es dich nicht in die Umsetzung kommen lässt?

....

....

....

....

Welche Dinge laufen bereits gut und möchtest du vertiefen?

....

....

....

....

GENUSSHAPPEN
Nicht für nebenbei!

Es ist das Licht, das in Südportugal jeden Tag anders leuchtet. Durchscheinend fragil strahlt es bei Regen oder Sonnenschein, bei Sturm oder Flaute. Hier zu sein und mein Seelenwohl vom Leuchten kosen zu lassen, bestärkt mich, mein Leben zu leben, wie ich es lebe.

Catrin Ponciano
Schriftstellerin

GENUSSHAPPEN
Nicht für nebenbei!

Genuss ist für mich die Manifestation eines wunderschönen, flüchtigen Moments.

Ein weiter Besondersblick, ein aromatischer Bissmoment, ein zartfruchtiger Schmelz auf der Zunge, eine Tageslichtneige am Meer, ein musischer d'Accord, eine berührende Elektrifizierung Haut an Haut. Vergänglich, bis zum Genuss.

Henning Prager
Schiffsmakler & Weinhändler

WOCHE 2
GenussHappen

Stehe nicht zu lange

w a r t e n d

an der Haltestelle!

Verpasse nicht den Lebensgenuss!

Regina Lehrkind

WOCHE 2

GenussHappen

Wenn ich meine Mutter besuche und wir ein bisschen Zeit miteinander haben, dann ist das meistens mit Austausch von Erinnerungen und Aktuellem, mit viel Lachen und Leichtigkeit verbunden. Irgendwann kommt dann der Moment, in dem wir beginnen, Lieder zu singen. Kreuz und quer durch alle Genres.

Von Kinderliedern über Weihnachtslieder, Pfadfinderlieder, die wir am Lagerfeuer gesungen haben, Mutter singt alte Kriegslieder, Wanderlieder und Klassiker wie zum Beispiel „Entchen von Tharau". Manchmal sind wir textsicher, manchmal endet ein Lied mit la la la la, aber immer ist es ein Genuss mit Mutter zu singen.

Christine Carus

WOCHE 2
GenussHappen

Mittwoch

Heute habe ich frei.

Für mein Frühstück nehme ich mir besonders viel Zeit und kaufe die Zutaten am Morgen ein.

Der frisch gemahlene Kaffee duftet. Was freue ich mich darauf!

Ich kaufe mir knackige Brötchen bei meinem Lieblingsbäcker … Ich könnte Stunden im Bäckerladen sitzen und nur riechen. Der Kaffee duftet aus meiner Tasche - dazu der Geruch des frischen Brotes … Ich lächele vor mich hin!

Auf diesen Genuss freue ich mich! – Nein … ich genieße schon jetzt.

Christine Carus

WOCHE 2

GenussHappen

Killepitsch – ein Kräuterschnaps.

Hui … Mund voll.

Speichelschub.

Mmmmmh!

Christine Carus

WOCHE 2
GenussHappen

Vor vielen Jahren kam ich im Rahmen einer Verkostung in den Genuss australischer Weine. In diesem Moment war meine tiefe Leidenschaft für diese „Powerweine" entfacht. Ein Wein aus dem Mac Laren Vale übertraf alles, was ich bisher im Glas hatte – Claredon Hills „Astralis" 1997.

Mac Laren Vale ist ein historisches und heute sehr intensiv bewirtschaftetes Weinbaugebiet in Südaustralien. Die Weine dieser Region zeichnen sich vor allem durch die gehaltvollen Rotweine sowie deren Ausnahmequalität aus. Neben dem Barossa Valley werden hier die besten australischen Rotweine produziert, die jährlich die Weinkritiker zu Höchstnoten animieren und von Weinliebhabern aus aller Welt sehr geschätzt werden.

Zurück zur Verkostung. Im Glas präsentierte der „Astralis" eine intensive, tiefe Purpurfarbe durchzogen von einem leichten violetten Schimmer. In der Nase zeigten sich die Aromen komplex und vielschichtig. Noten von dunklen Beeren (Brombeere, Maulbeere) dicht gefolgt von einem Hauch Kirsche. Unterlegt wurden die fruchtigen Noten von Schokolade, geröstetem Kaffee. Würzige Noten rundeten das Bukett dieses Weines ab. Mein Herz schlug schneller und ich war gespannt, wie sich der Wein im Mund präsentieren würde.

Kräftig und vollmundig zeigte sich der „Astralis" am Gaumen. Die Fruchtaromen, geprägt von Reife und Saftigkeit, setzen sich fort. Gut integrierte und samtige Tannine verliehen dem Wein eine großartige Struktur. Es begann ein Tanz von schokoladigen Aromen und mineralischen Noten, die dem Wein eine ungeahnte Tiefe verliehen.

Der „Astralis" war langanhaltend und komplex im Abgang. Und nicht nur das. Er hatte einen bleibenden Eindruck bei mir hinterlassen, denn der Tanz der Aromen verweilte und war geprägt von Finesse und Raffinesse.

Regina Lehrkind

WOCHE 2

GenussHappen

Traumgarten

voller FarbBunt

und Duftaromen

lädt ein

zu verweilen

einfach auszuruhen

Blicke schweifen

Gedanken werden leise

Düfte strömen

STILLE

Verzaubert vom

„Royal Garden Blues"

Regina Lehrkind

WOCHENREFLEKTION
GenussHappen

Was ist diese Woche besonders gut gewesen?

....
....
....
....

Wofür bist du dankbar?

....
....
....
....

Worauf bist du stolz?

....
....
....
....

Was macht dich glücklich?

....

....

....

....

Sei ehrlich zu dir! Wieviel Zeit hast du dir gegönnt?

....

....

....

....

Sei ehrlich zu dir! Wieviel Zeit hast du dir genommen, um zu genießen?

....

....

....

....

Was sind deine Genuss-/Ziele für die kommende Woche?

....

....

....

....

Was möchtest du nicht mehr tun, weil es dich nicht in die Umsetzung kommen lässt?

....

....

....

....

Welche Dinge laufen bereits gut und möchtest du vertiefen?

....

....

....

....

GENUSSHAPPEN
Nicht für nebenbei!

Für umfänglichen Genuss benötige ich mindestens drei Ingredienzien: Ein interessantes Objekt des Genusses. Dies kann irgendetwas, auch unprätentiöses, für die Sinne sein.

Zeit, Ruhe und Raum.

Menschen zum Teilen. Hierdurch wird der Genuss vervielfacht und zum einzigartigen Erlebnis.

Geschichten, um die Dinge, sind mir immer besonders wichtig. Wenn man von einem Wein den Boden, die Lage, den Kellermeister und vieles mehr kennt, schmeckt er gleich ganz anders. Es entsteht ein interessanter Diskurs, in dem verschiedenen Eindrücke und Erfahrungen zusammenkommen und erlebbar werden. Objektiv ist dies völlig überflüssig, subjektiv der schönste Luxus in Reinkultur.

Stephan Rambacher
im Unruhestand

GENUSSHAPPEN

Nicht für nebenbei!

Körper warm. Nase kalt. Wangen prickeln. Blick weit. Atem tief.
Herz pocht. Kopf frei.
Schritt auf Schritt Genuss. Gefühl.

Nadja Karim
Verwaltungsleitung

WOCHE 3

GenussHappen

Montag

Ich wünsche dir, dass du den Grund triffst,
warum du dir nicht erlaubst zu genießen.

Regina Lehrkind

WOCHE 3
GenussHappen

Ein besonderer Genuss für mich ist es, wenn ich zufällig etwas entdecke, was ich mit einem lieben Menschen verbinde ... wenn ich dieses Teil, im Zweifel auch mit viel Aufwand, besorge und es dann verschenken darf. Die Freude darüber, dass ich wohlwollend und liebevoll diesen Gegenstand mit der Person verbinde und in Vorfreude bin, ist für mich ein höherer Genuss als die Übergabe des Präsents oder die Freude darüber beim Beschenkten.

Christine Carus

WOCHE 3
GenussHappen

Lass es los das Ruder –
erlaube es dir –
für diesen Moment

Lass es los das Ruder,
welches du gehalten hast
mit festem Griff,
dass den starken Winterstürmen
mit dir trotzte

Lass es los das Ruder –
genieße den Moment,
wenn der Frühling unter der Erde bebt
vereiste Erdkrusten schmelzen
Duft von feuchter Erde verströmt

Genieße den Moment

Regina Lehrkind

WOCHE 3

GenussHappen

Musik transportiert Gefühle.

Musik fördert Gefühle.

Musik begleitet Gefühle.

Wenn du es zulässt und Musik genießen kannst.

Oft läuft sie im Hintergrund. Gönn dir Musik mit voller Aufmerksamkeit und achte darauf, was mit dir passiert.

Genieße Musik!

Christine Carus

WOCHE 3
GenussHappen

Es gibt einen Freund, der für sein Leben gerne Sardinen – mit Vorliebe Jahrgangssardinen – isst.

Mein Favorit sind die Fische nicht …

Er liebt sie. Sobald ich in einem Delikatessen-Geschäft bin und *zufällig* an den Fischkonserven vorbeikomme, fallen mir automatisch Jahrgangs-Sardinen ins Auge. Soll ich eine Dose mitnehmen? Welche wird er wohl besonders mögen? Alt sollten sie sein?! Aber wie alt genau? Die Verpackungen sind so hübsch. Ist es erlaubt, Jahrgangs-Sardinen nach der Verpackung auszusuchen?

Egal!

Ich kaufe einfach eine Dose und freue mich jetzt schon darauf, ihm diese – ohne besonderen Anlass – zu schenken. Einfach so!

Oft ist es mein GENUSS zu schenken und zu geben. Sollte dieses Geschenk nicht gut ankommen, kann mir niemand den Genuss und die Freude, dieses Momentes der Gedanken an meinen Freund nehmen.

Gute Gedanken – was für ein Genuss!

Christine Carus

WOCHE 3
GenussHappen

Du öffnest die Ladentür für uns und ich spüre eine wohlige, warme Umarmung. Ich schließe kurz die Augen und nehme einen tiefen Atemzug. Ein Lächeln legt sich in mein Gesicht und mein Herz hüpft. Der Duft von frisch gerösteten und gemahlenen Kaffeebohnen – eine Mischung aus warmen, erdigen Aromen mit einer leichten Süße – verzaubert meine Sinne. Die vielen Aromen tanzen in meiner Nase. Du schaust mich an, deine Augen strahlen.

An der Wand des kleinen Ladens steht ein riesiger Apothekerschrank mit Kaffeebehältern. Eine Röstmaschine ist mitten in der Kaffeemanufaktur platziert. Es gibt so viele kleine Details an diesem Ort zu bestaunen. Die hohen und alten Holzdecken, die wunderschönen Bodenfließen, die Kaffeesäcke, die Beleuchtung, die liebevoll gestalteten Regale mit Accessoires für die Kaffeezubereitung ... Die Leidenschaft für das Kaffeerösten ist in jedem Detail spürbar. Es träumt uns beide ein bisschen fort. Wir können uns nicht satt sehen, entdecken immer wieder Neues in dem Raum. Dabei genießen wir einen richtig guten Kaffee. Dampfend steigen die Aromen aus unseren Tassen auf, das Mundgefühl des Kaffees ist harmonisch und ausbalanciert, im Nachklang weich.

Eine harmonische Kombination aus nussigen und schokoladigen Noten, begleitet von einer feinen Säure.

Wir genießen das Ambiente der Kaffeerösterei, die besondere Atmosphäre, vertiefen uns in unser Gespräch (u.a. über Kaffeezubereitung) und lassen die Zeit fließen.

Schlussendlich bekommen wir von den anwesenden Baristas eine Beratung und kaufen den für unseren Geschmack und unsere Maschinen perfekten Kaffee. Ich entscheide mich für eine Kaffeemischung „Schümli" mit einer schokoladigen, nussigen und würzigen Note.

Vollkommen entspannt und glücklich verlassen wir die Rösterei – was für ein Genussmoment die Kunst des Kaffeeröstens erlebt zu haben.

Regina Lehrkind

WOCHENREFLEKTION
GenussHappen

Was ist diese Woche besonders gut gewesen?

....

....

....

....

Wofür bist du dankbar?

....

....

....

....

Worauf bist du stolz?

....

....

....

....

Was macht dich glücklich?

....

....

....

....

Sei ehrlich zu dir! Wieviel Zeit hast du dir gegönnt?

....

....

....

....

Sei ehrlich zu dir! Wieviel Zeit hast du dir genommen, um zu genießen?

....

....

....

....

Was sind deine Genuss-/Ziele für die kommende Woche?

....

....

....

....

Was möchtest du nicht mehr tun, weil es dich nicht in die Umsetzung kommen lässt?

....

....

....

....

Welche Dinge laufen bereits gut und möchtest du vertiefen?

....

....

....

....

GENUSSHAPPEN
Nicht für nebenbei!

Wenn der zarte Duft nach Vanille und Kirschen überlagert wird von einem kräftigen Beerengeschmack, von rauchigen Aromen und einer feinen Säure. Wenn sich die feinen Härchen wohlig im Nacken aufstellen und der Rotwein langsam die Kehle hinunterfließt.

Andreas Breidert
Buchautor

GENUSSHAPPEN

Nicht für nebenbei!

Drehe deine Lieblings- Musik auf und tanze im Pyjama mitten im Wohnzimmer ... und „laut mitsingen" nicht vergessen.

Tanja Spezia
Coach

WOCHE 4
GenussHappen

Montag

Ich habe in meinem Sportstudio einen neuen Trainingsplan bekommen. Ich trainiere neue Muskelgruppen.

Nach dem ersten Training … Oh, mein Gott, was für ein Muskelkater!

Schmerzen?

Schmerzen!

Genuss? Oh, ja … Ich spüre Muskeln, von denen ich gar nicht wusste, dass ich sie habe. Das nenne ich Leben. Genieße dein Leben, deine Muskeln und dass dein Körper so funktioniert, wie er funktioniert!

Christine Carus

WOCHE 4

GenussHappen

So wie der Wasserfall

in die Tiefe

stürzt

und das Bunt eines Regenbogens

zeichnet,

so bewegt,

so bunt,

so genussvoll

soll mein Leben sein.

Regina Lehrkind

WOCHE 4
GenussHappen

Mein Plan war es, 15 Minuten zu laufen. Heute laufe ich durch Barcelona. Die Luft ist gut, die Menschen sind freundlich. Es läuft meine Lieblingsmusik.

Ich schaue auf die Uhr.

Es sind 33 Minuten vergangen.

So lange wollte ich eigentlich gar nicht.

Und DAS in meinem Fitnessstudio.

Was für ein Genuss in Düsseldorf durch Barcelona zu laufen.

Christine Carus

WOCHE 4
GenussHappen

Waldbaden – das besondere Tauchbad

Nach einer hektischen Woche fällt es oft schwer, in den Entspannungsmodus zu gelangen. Ich suche dann bewusst die Waldatmosphäre, um meinen Geist zu beruhigen. Jeden Schritt im Wald setze ich bewusst, atme dabei die würzige Waldluft tief ein und aus. Langsam bauen sich die Stresshormone ab, die Herzfrequenz beruhigt sich, der Blutdruck und der Pulsschlag senken sich. Langsam stellt sich die Entspannung ein. Ich suche mir einen Baumstamm und setze mich, um den Lichteinfall durch die Blätterdecke zu beobachten. Ich schaue in die Baumkronen. Mein Hund sitzt neben mir und drückt sich an mein Bein. Auch er ist ruhig und schaut. Wir verlieren uns im Zauber und der Stille des Waldes. Wir lassen uns von seichten Winden berühren, die die Sorgen des Alltags verwehen. Voller Energie und gestärkt, gehe ich nach Hause.

Regina Lehrkind

WOCHE 4
GenussHappen

Wie ist es bei dir, schmückst du den Weihnachtsbaum?

Magst du Weihnachtsschmuck?

Ich bin da sehr sparsam und selektiv, doch genieße ich es, Ende November/Anfang Dezember die Weihnachtskisten aus dem Keller zu holen. Jedes einzelne Deko-Teil hat eine kleine Geschichte. Nur einige wenige Teile finden Platz in meiner Wohnung. Der Rest bleibt in der Kiste und geht zurück in den Keller bis zum Zeitpunkt des Abschmückens.

Auch wenn ich keine Freude an diesem ganzen Schnickschnack habe, gefallen mir in den letzten Jahren ausgefallene Weihnachtskugeln besonders gut. Freunde, die Caravan fahren, bekommen einen Christbaumanhänger in Form eines schillernden und glitzernden Wohnwagens. Ein Koch bekommt von mir einen Weihnachtsbaum-Anhänger „Tomatendose". Der Sardinen-Mann natürlich eine Sardinendose. Ein DJ erhält von mir eine rote Weihnachtskugel mit Smiley, Sonnenbrille und Kopfhörern. Eine Freundin mit einem Schuhtick ... könnte ich mir eigentlich auch mal selbst kaufen ... bekommt einen roten Stiefel mit hohem Absatz als Christbaumschmuck. Dicke

Nikoläuse auf Harley-Davidson, Baseballkugeln, grüne Gurken, Thermomixe …

Was für ein Genuss, Menschen mit ihren Vorlieben und Hobbys zu kennen und bei Parallelen an sie zu denken. Das macht mein Leben schön.

Christine Carus

WOCHE 4
GenussHappen

Negroamaro

Pralle Früchte
Brombeeren
Maraschino-Kirschen
Erdbeeren
Cassis
Schwimmen im Glas – überreif

Gestreichelt von heißen Winden
und Sonnenummantelt
herangereift die Trauben
mit wenig Wasser

Im Negroamaro
liegt die Seele des Südens

Regina Lehrkind

WOCHENREFLEKTION
GenussHappen

Was ist diese Woche besonders gut gewesen?

....

....

....

....

Wofür bist du dankbar?

....

....

....

....

Worauf bist du stolz?

....

....

....

....

Was macht dich glücklich?

....

....

....

....

Sei ehrlich zu dir! Wieviel Zeit hast du dir gegönnt?

....

....

....

....

Sei ehrlich zu dir! Wieviel Zeit hast du dir genommen, um zu genießen?

....

....

....

....

Was sind deine Genuss-/Ziele für die kommende Woche?

....

....

....

....

Was möchtest du nicht mehr tun, weil es dich nicht in die Umsetzung kommen lässt?

....

....

....

....

Welche Dinge laufen bereits gut und möchtest du vertiefen?

....

....

....

....

GENUSSHAPPEN
Nicht für nebenbei!

Genuss ist für mich puzzeln. Wenn ich puzzle, bin ich konzentriert und vergesse alle Anstrengungen.

Meinen kranken Mann im Heim, die ganzen Rechnungen, die Verantwortung für alles ...

Für mich ist das Erholung und Genuss. Ich tauche total ab ...

Marianne Janc
Hausfrau und Rentnerin, 90 Jahre

GENUSSHAPPEN
Nicht für nebenbei!

Genuss beginnt im Kopf, wenn man sich entscheidet, sich auf das Schöne und Gute zu konzentrieren.

Vera Nentwich
Kabarettistin & Autorin

WOCHE 5
GenussHappen

Montag

Warten?

Darauf warten, dass es von allein passiert?

Darauf warten, dass das Leben uns entgegenkommt?

Beides wird nicht passieren.

Das Rezeptbuch des Genusses schreibst du allein.

Regina Lehrkind

WOCHE 5
GenussHappen

Ja, meine Mutter wiederholt sich oft. Manchmal spricht sie sehr laut. Es kann passieren, dass ihr Pulli nicht ganz sauber ist. Und sie sabbert manchmal ein bisschen. Zuviel „unkontrollierte" Spucke. Genuss?

Oh ja, sie ist über 90 und sie ist noch da. Eine liebevolle alte Frau mit dem Herz am rechten Fleck. Ich genieße die Zeit mit ihr sehr, auch wenn die oben genannten Attribute nicht die schönsten sind. Genuss liegt im Fokus.

Christine Carus

WOCHE 5
GenussHappen

Mittwoch

Mich dürstet
nach dem Leben

... zu spüren die Wärme tanzender Sonnenstrahlen
  auf meiner Haut
... zu lauschen zu den Wellen, die an den Strand plätschern
... zu fühlen den Sand, der zwischen meinen Zehen rieselt
... zu riechen den Duft des Meeres
... zu beobachten, wie die Sonne feuerrot im Meer versinkt

... so wie der Wein in meinem Glas leuchtet

Regina Lehrkind

WOCHE 5

GenussHappen

So ganz oft höre ich klassische Musik nicht. Ich besuche selten Opern und Operetten.

Ich mag eher House-Musik und bin auch manches Mal Mainstream unterwegs.

Aber:

Wenn mein Mann italienisch kochte, er voller Freude und Leidenschaft alles vorbereitete, während ich am Küchentisch saß, mit einem Gläschen Wein oder Sekt, dann lief im Hintergrund Pavarotti, Arien oder ähnliches. Zu diesem Szenario war für uns die Musik passend, stimmungsvoll und schön!

Ich genoss in dem Moment die klassische Musik so sehr – weil der Augenblick so schön war.

Für uns war es stets ein guter Genussmoment.

Es lag an der Musik, am Essen, am Sekt … es lag an dem „WIR"!

Christine Carus

WOCHE 5
GenussHappen

Writers Tears

Meine Faszination für Whisky begann mit einem Urlaubsgeschenk meiner Eltern – einer Kollektion schottischer Whiskys.

Eines Tages bekam ich einen Writers Tears (Pot Still) geschenkt. Dieser Whisky ist eine Hommage an die irischen Poeten und Schriftsteller des 19. und 20. Jahrhunderts, wie z. B. Oscar Wilde und Samuel Beckett. Der irische Whisky half den Autoren ihre Schreibblockaden zu bekämpfen. Man erzählte sich, dass die Tränen, die ein irischer Schriftsteller vergoss, aus purem Whisky waren – daher der Name „Writers Tears". In der Nase nehme ich eine angenehme Süße von Vanille und Honig sowie Apfel war. Ich fühle mich umarmt. Im Mund verspüre ich würzige Noten von Ingwer und Butterscotch und eher im Hintergrund etwas Eiche. Er präsentiert sich im Abgang sehr elegant und zeigt Noten von Schokolade und Mandeln.

Im Vergleich zu anderen Whiskys ist er einfach. In dieser Einfachheit liegen das Besondere und das Herzwärmende.

Regina Lehrkind

WOCHE 5
GenussHappen

Ich könnte ein ganzes Buch schreiben, über den Genuss mit dir und durch dich. Ich genieße das Vertrauen, was du mir schenkst. Ich genieße unsere Gespräche, wenn wir unterschiedlicher Meinung sind. Ich genieße alles, was wir mit dem gleichen Blick ansehen. Ich genieße gutes Essen - ganz besonders mit dir. Ich genieße es, in deiner Nähe zu sein. Ich genieße deine Fachkompetenz und dein Erinnerungsvermögen. Du merkst Dir Dinge und Gegebenheiten, die ich schon vor Jahren erzählt habe. Ich genieße diese Aufmerksamkeit. Ich genieße den Duft deines Parfums. Und deinen Duft ohne Parfum. Ich genieße Spaziergänge mit dir und Autofahrten. Ich genieße es, mit dir zu arbeiten und ich es genieße es von dir zu lernen. Ich genieße es, wenn du dich zeigst, wie du bist, mit all deinen Ängsten und vermeintlichen Schwächen. Ich genieße es, zu erkennen, wenn du diese überspielst, um ein starker Mensch an meiner Seite zu sein.
Ich genieße das persönliche Wachstum eines jeden von uns in der eigenen Kompetenz.
Ich genieße dein SEIN - ich genieße dich!

Christine Carus

WOCHENREFLEKTION
GenussHappen

Was ist diese Woche besonders gut gewesen?

....

....

....

....

Wofür bist du dankbar?

....

....

....

....

Worauf bist du stolz?

....

....

....

....

Was macht dich glücklich?

....

....

....

....

Sei ehrlich zu dir! Wieviel Zeit hast du dir gegönnt?

....

....

....

....

Sei ehrlich zu dir! Wieviel Zeit hast du dir genommen, um zu genießen?

....

....

....

....

Was sind deine Genuss-/Ziele für die kommende Woche?

....

....

....

....

Was möchtest du nicht mehr tun, weil es dich nicht in die Umsetzung kommen lässt?

....

....

....

....

Welche Dinge laufen bereits gut und möchtest du vertiefen?

....

....

....

....

GENUSSHAPPEN
Nicht für nebenbei!

Höchster Genuss bedeutet für mich – Momente erleben, die mit Geld nicht bezahlbar sind. So habe ich meine wahren Genussmomente, wenn ich mit meinen Enkeln an unserem großen Tisch sitze und Frosch-Nudeln esse (Frosch-Nudeln heißen sie, wegen der grünen Gemüsesoße aus Erbsen und Brokkoli).
Miteinander reden, lachen und den Moment einer innigen Verbundenheit und Liebe zu verspüren – das klappt am besten mit Nudeln und noch besser mit Frosch-Nudeln.

Oliver Groß
Rhetor und Inh. von rhetorikhaus

GENUSSHAPPEN
Nicht für nebenbei!

Genuss bedeutet für mich, mit Leidenschaft und Inspiration zu kochen und hochwertige Produkte auf den Teller zu bringen.

Andreas Lieser
Hobbykoch - Die Genießer Welt

Genuss – Lebensphilosophie – Wertschätzung des Momentes

- Christine Carus -

In Japan gibt es ein Konzept, das nennt sich „wabi-sabi" und bedeutet so viel wie „Schönheit in Unvollkommenheit und Einfachheit". „Mono no aware" steht für das „Bewusstsein der Vergänglichkeit der Dinge" und „ichi-go ichi-e" legt den Fokus auf die „Einmaligkeit jedes Moments".

Mich faszinieren diese Begriffe im Zusammenhang mit dem Thema „GENUSS".

Geht es nicht genau darum, die vergängliche Schönheit des gegenwärtigen Augenblicks zu schätzen, Dankbarkeit in den kleinen Dingen des Alltags zu finden und eine Form von Gelassenheit gegenüber den Launen des Lebens an den Tag zu legen?

Es ist immer wieder die Bewertung, die wir den Dingen, den Situationen und den Menschen geben. Mit „wabi-sabi" bin ich wohlwollend und kann die vermeintliche Unvollkommenheit genießen. Wer bin ich auch, dass ICH darüber entscheide, was Vollkommenheit ausmacht?!?

Womit vergleiche ich und wie bemesse ich? Wo ist mein Fokus?

Menschen sind nun einmal unterschiedlich. Die Bewertung kann also auch ohne weiteres unterschiedlich ausfallen.

Genuss? Der Eine genießt DIES, der Andere JENES!

Eine Freundin liebt es, lange in der Badewanne zu liegen und dort zu entspannen. ICH mag Badewannen gar nicht … so langweilig – ich gehe gerne spazieren und genieße die Natur, visuell, auditiv und olfaktorisch. Oder ich gehe zum Sport. Bewegung ist für mich Genuss. Für meine Freundin ist es die Ruhe. An dieser Stelle kommen wir Freundinnen nicht zusammen. Tja.

Ken Mogi, ein japanischer Hirnforscher, fand einen Zusammenhang zwischen dem langen Leben der Japaner und deren Lebensphilosophie des IKIGAI. Was ist nun wieder das IKIGAI? Kurz gesagt, es ist das, wofür es sich zu leben lohnt! Mit den o.g. Konzepten und dem persönlichen IKIGAI leben die Menschen in Japan glücklich und gesund und das dann ziemlich lange!

Du siehst die Parallele zum Genuss? Jeder, wie er mag ... achte doch einmal darauf!

Der ungarische Psychologe Mihaly Csikszentmihalyi erforschte den Geisteszustand, in den der Mensch gerät, wenn er in einer Tätigkeit total aufgeht und nannte ihn FLOW! Die Tätigkeit ist dann zutiefst beglückend. Man verliert jedes Zeitgefühl und erreicht einen Zustand der Selbstvergessenheit.

Großartig? Oder großartig?

DEINE Flow-Momente können sich im Laufe des Lebens verändern. Hier gibt es, ähnlich, wie beim Genuss, keine gesetzte Konstanz.

Früher konntest Du tanzen und hast Zeit und Raum vergessen, heute ist es eher das Buch? Oder Du kochst für Dein Leben gerne ... und Du schaust nicht auf die Uhr? Oder tauchst Du in die Musik ein? Manche Menschen erleben das auch beim Bücherschreiben und vergessen zu essen.

Da fällt mir noch was ein:

In Japan ist es außerdem Sitte, maßvoll zu essen und zu trinken. Maximal zu 80% darf der Bauch gefüllt sein. Also hören Japaner auf zu essen, bevor sie sagen müssen: „Ich glaube, jetzt brauche ich einen Schnaps!" Maßvoll im Genuss und achtsam mit sich selbst!

Auch in der buddhistischen Ausbildung ist die Ernährung ein wichtiger Aspekt. Für junge Priester ist die Nahrungsaufnahme fast eine Meditationsform. Sie essen schweigend, um die Kost angemessen zu würdigen. Bedingung in der Ausbildung? Gelernter Genuss? Gelernte Wertschätzung? Eins führt zum anderen. Das Interesse steuert die Wahrnehmung. Interessiere Dich für die vielen Möglichkeiten des Genusses und Du wirst sie erleben.

WOCHE 6

GenussHappen

Montag

Alte Fotos schauen. Zurück in die Kindheit, in die Schulzeit, in die Jugend. Fotos mit dem ersten Freund, Fotos aus Urlauben … schöne Erinnerungen. Wie wundervoll, dass ich sie habe – diese Erinnerungen, die mit einem guten Gefühl und einem Lächeln verbunden sind!

Christine Carus

WOCHE 6

GenussHappen

Es ist unsere erste Begegnung.

Spontan und anders als erwartet.

Die Kommunikation nonverbal, ausschließlich Blickkontakt, Körpersprache, zaghafte Annäherung, ein flüchtiges Streifen im Vorbeigehen. Adrenalin pumpt sich durch den Körper, ein Lächeln legt sich auf die Lippen. So süß und zart.

Eine erste Berührung, vorsichtig und behutsam. Zerbrechlichkeit erahnend.

Unnachahmlich dieser Gang, dieser Blick. Folge mir! Komm mit!

Wieder ein paar Schritte. Ein Schulterblick.

Mitten ins Herz. Getroffen!

Getroffen eine Entscheidung.

Vier Pfoten erobern mein Herz im Sturm und für sich ein Zuhause.

Regina Lehrkind

WOCHE 6

GenussHappen

Mittwoch

Wusstest du, dass Glück und Genuss eng miteinander verbunden sind? Beide fördern positive Emotionen und Erfahrungen.
Genuss schenkt das Erleben, Freude im Hier und Jetzt. Diese besonderen Momente des Genusses - ein Essen, ein Konzert, ein Museumsbesuch, eine Auszeit, u.v.m. – können uns zu dem Gefühl des Glücks führen.

Regina Lehrkind

WOCHE 6
GenussHappen

„Nein, für diesen Auftrag stehe ich nicht zur Verfügung."

Ein bisschen klopft mein Herz, aber ich sage es. Es ist meine Antwort auf eine Trainingsanfrage.

Das Unternehmen bietet mir ein gutes Honorar, aber …

Nein!

Für diese Firma möchte ich nicht arbeiten. Eine Wertewelt, die nicht meiner entspricht – ein ruppiges Gespräch, wenig Herzlichkeit, Seminarbedingungen, die mich an dem Gelingen zweifeln lassen! Ist das arrogant? Ist das überheblich? Ist das undankbar?

Wie großartig ist es, dass ich mir meine Aufträge aussuchen darf. Ich genieße meine Freiheit, meine Autonomie, meine Selbstbestimmtheit. Was für ein schönes Leben!

Christine Carus

WOCHE 6
GenussHappen

Ich verrate dir einmal etwas:

Ich gehe gerne sehr hochwertig essen.

Neben dem Geschmack und dem Ambiente und allem, was dazugehört, genieße ich besonders, wie liebevoll im Detail ein Teller angerichtet ist. Da gibt es das Schäumchen, das Blatt eines Krautes, eine Blüte an bestimmter Stelle, das Gemüse in kleinen Röschen, so gegart, dass es möglichst viel Original-Farbe behält ...

Ich liebe jedes Detail.

Wenn ich mir jetzt vorstelle, das gleiche Gericht mit der gleichen Geschmacklichkeit läge zusammen geschüttet in einer Pommes Schale ... ich hätte keine Freude!

So ist es für mich höchster Genuss!

Christine Carus

WOCHE 6
GenussHappen

Es gehört
mir dieses Bild,
was sich mir in die Augen legt

Gehe weiter,
tiefer und tiefer,
umso schöner,
umso bunter die Bilder

Regina Lehrkind

WOCHENREFLEKTION
GenussHappen

Sonntag

Was ist diese Woche besonders gut gewesen?

....

....

....

....

Wofür bist du dankbar?

....

....

....

....

Worauf bist du stolz?

....

....

....

....

Was macht dich glücklich?

....

....

....

....

Sei ehrlich zu dir! Wieviel Zeit hast du dir gegönnt?

....

....

....

....

Sei ehrlich zu dir! Wieviel Zeit hast du dir genommen, um zu genießen?

....

....

....

....

Was sind deine Genuss-/Ziele für die kommende Woche?

....

....

....

....

Was möchtest du nicht mehr tun, weil es dich nicht in die Umsetzung kommen lässt?

....

....

....

....

Welche Dinge laufen bereits gut und möchtest du vertiefen?

....

....

....

....

GENUSSHAPPEN

Nicht für nebenbei!

Genuss hat bei mir zwei Leben.
Das Private und das Berufliche.

Privat habe ich die Sonne im Gesicht, die Füße im Sand, einen Fisch
auf dem Tisch und ein Glas Wein in der Hand.
Das alles in Gesellschaft eines geliebten Menschen ist mein persönlicher Hochgenuss.

Beruflich ist das Wetter egal, aber ich brauche einen Raum, Mobiliar
und Kunst, um alles bestmöglich zu inszenieren. Ambiente erschaf-
fen ist purer Genuss für mich.

Sabine Broekmann
Kunsthändlerin

GENUSSHAPPEN
Nicht für nebenbei!

Mein Schwiegervater liebte Rosen und hatte sich ein kleines Rosenparadies in unserem Garten geschaffen. Es war ein buntes Bild von üppigen und duftenden Rosen in einer Farbenpracht, die die Sinne berührten.

Er brachte mir bei, wie Rosen zu pflegen und schneiden sind, so dass ihre Schönheit immer wieder aufs Neue erstrahlen kann. Oft denke ich daran zurück, mit welcher Liebe und Hingabe er das zelebriert hat.

Ich genieße diese bewussten Momente in unserem Garten, denke an meinen Schwiegervater und erfreue mich an der Fülle der Rosen.

Doris Lehrkind
Hausfrau und Rentnerin

WOCHE 7

GenussHappen

Heute habe ich Vorfreude. Bei dem Gedanken, dass ich mich morgen mit einem Freund treffen werde, den ich lange nicht gesehen habe, wird es mir glatt warm ums Herz.
Ich bleibe einen Moment in meinen Gedanken … Seufz …Vorfreude auf eine Umarmung, ein gutes Gespräch, leckeres Essen und Vertrautheit!

Christine Carus

WOCHE 7
GenussHappen

Um Genuss bewusst erleben zu können, erfordert es Achtsamkeit. Nimm dir Zeit, um im Moment zu sein. Trinke zum Beispiel deinen Kaffee bewusst Schluck für Schluck und setze dabei deine Sinne ein. Plötzlich nimmst du die duftenden Aromen wahr, schokoladige und nussige Noten legen sich auf deine Zunge, spürst wie der heiße Dampf deine Haut berührt.

Durch das bewusste Wahrnehmen lernst du die kleinen Dinge und Freuden im Leben zu schätzen, sie zaubern dir ein Lächeln und wie von selbst, steigerst du dein Glücksgefühl.

Regina Lehrkind

WOCHE 7

GenussHappen

Der Winter ist da. Es ist kalt. Der Wind peitscht den Regen an meine Fensterscheiben. Noch ist es früh am Abend. Ich habe mich entschieden, ins Bett zu gehen.

Ich liege in meinem Bett, unter meiner warmen Decke, höre dem Regen und dem Sturm zu und freue mich, dass ich es jetzt gerade so gemütlich und warm habe. Was für ein Genuss.

Christine Carus

WOCHE 7

GenussHappen

GLÜCK
liegt
in Begegnungen

Kostbare Momente
Lebenswege
beseelend

Regina Lehrkind

WOCHE 7
GenussHappen

Wow ... was für eine Nacht!

Was für ein Mann ...

Hui!

Genieße jetzt einfach einmal DEIN Kopfkino!

Christine Carus

WOCHE 7
GenussHappen

Samstag

Hungrig

saugt sie auf die Seele

diese Kost

aus bunter Friedlichkeit

aus leiser Stille

aus duftenden Aromen

Fernab von Alltagshektik

Regina Lehrkind

WOCHENREFLEKTION

GenussHappen

Was ist diese Woche besonders gut gewesen?

....
....
....
....

Wofür bist du dankbar?

....
....
....
....

Worauf bist du stolz?

....
....
....
....

Was macht dich glücklich?

....

....

....

....

Sei ehrlich zu dir! Wieviel Zeit hast du dir gegönnt?

....

....

....

....

Sei ehrlich zu dir! Wieviel Zeit hast du dir genommen, um zu genießen?

....

....

....

....

Was sind deine Genuss-/Ziele für die kommende Woche?

....

....

....

....

Was möchtest du nicht mehr tun, weil es dich nicht in die Umsetzung kommen lässt?

....

....

....

....

Welche Dinge laufen bereits gut und möchtest du vertiefen?

....

....

....

....

GENUSSHAPPEN

Nicht für nebenbei!

GENUSS, als Genießerin der guten Küche und Architektin, bedeutet für mich tatsächlich eintauchen in ein kulinarisches Erlebnis. So wie ich auch eintauche in „gute" Räume.
Ich genieße die Geschmacksexplosion, ich wertschätze und bewundere das Talent des Kochs oder der Köchin, ich fühle das Ambiente, ich zelebriere die Tischkultur. Ich entspanne. Ich genieße meine kleine Auszeit. Es ist erholsamer für mich als eine Woche Urlaub.
Genuss verbindet. Genuss macht süchtig. Genuss mit allen Sinnen.

Sandra Hufnagel
Architektin AKNW
Interior Design

GENUSSHAPPEN

Nicht für nebenbei!

Beim Genießen ist es egal, was man macht, Hauptsache, man macht eine Sache, ohne direkt an das nächste To-do zu denken. Ich genieße es, mir Zeit fürs Spazierengehen oder Wandern zu nehmen, um das Erlebte im Inneren nachhallen zu lassen und zu verarbeiten.

Neo Helm
Fantasyautor

WOCHE 8
GenussHappen

Montag

Sei ehrlich zu dir selbst!

Wann hast du das letzte Mal etwas Neues ausprobiert, was mit Genuss zu tun hat?

Um das Genussbewusstsein und die Sinne zu schulen, solltest du offen für Gerüche, Geschmäcker und Erlebnisse sein. Besuche Märkte, Gewürzläden, Imker, Parfümerien, Restaurants unterschiedlicher Kulturen, nimm an Verkostungen teil, gehe in die Natur.

Regina Lehrkind

WOCHE 8

GenussHappen

Dreißig Minuten Pause.

Schnell ein Brötchen essen, was einkaufen … hektisch zurück ins Büro?

Oder drehe ich meinen Bürostuhl zum Fenster, trinke meinen Kaffee mit Blick auf die Straße? Beobachte ich das Treiben da draußen und genieße meine Ruhezeit? „Bitte nicht stören!"

Christine Carus

WOCHE 8
GenussHappen

Ich komme gerade von einer Vorsorgeuntersuchung!
„Alles ist gut", sagt der Arzt!

An der Ecke gibt es eine Bäckereifiliale mit Sitzgelegenheiten.
Jetzt eine Tasse Kaffee! Mmmmmmh!
Ich gönne mir zehn Minuten mit MIR, meiner Gesundheit und dem
Kaffee.
Schmeckt der anders als sonst?
Ja, oder?!? Irgendwie leckerer.

Christine Carus

WOCHE 8

GenussHappen

Bleibe stehen – für einen Moment,

bleib bei dir – nur hier und jetzt,

nimm das Tempo raus,

atme durch, das darf jetzt sein

höre deinem Herzschlag zu und

vergiss das Treiben dieser Welt,

mit einem Lächeln wird es leichter

spüre Frieden, wie er in dir ruht,

fühle Leichtigkeit und lerne sie zu lieben,

es tut so gut.

Genieße für den Moment

Langsamkeit und Sekundenglück

Regina Lehrkind

WOCHE 8
GenussHappen

Es ist Weihnachtszeit. Ich bin unterwegs auf der Königsallee in Düsseldorf … Die „Prachtmeile" der Stadt!

Hier wird die Düssel an einigen Stellen mit einer kleinen Brücke überquert. Heute sehe ich an dieser Brücke zwei Herren mittleren Alters stehen, sehr elegant gekleidet, eigentlich unüblich für einen Arbeitstag.

Auf der Brüstung der Brücke steht ein Champagnerkühler mit einer geöffneten Flasche Roederer. Zwei Kristallgläser auf einer Stoffserviette, noch halb gefüllt, vervollständigen das Bild. Ich lächele. Die Herren lächeln zurück. Wir wünschen uns gegenseitig eine wunderschöne Weihnachtszeit und genießen diesen besonderen, vielleicht etwas skurrilen Moment.

Christine Carus

WOCHE 8

GenussHappen

Weinblatt

schwebend

in seichten Winden

Konturen geformt

einer Engelsgestalt gleich

ein Bild so vollkommen

so edel und anmutig

erahnen lassend

der Vollendung

Gaumengenuss

Regina Lehrkind

WOCHENREFLEKTION
GenussHappen

Sonntag

Was ist diese Woche besonders gut gewesen?

....

....

....

....

Wofür bist du dankbar?

....

....

....

....

Worauf bist du stolz?

....

....

....

....

Was macht dich glücklich?

....

....

....

....

Sei ehrlich zu dir! Wieviel Zeit hast du dir gegönnt?

....

....

....

....

Sei ehrlich zu dir! Wieviel Zeit hast du dir genommen, um zu genießen?

....

....

....

....

Was sind deine Genuss-/Ziele für die kommende Woche?

....

....

....

....

Was möchtest du nicht mehr tun, weil es dich nicht in die Umsetzung kommen lässt?

....

....

....

....

Welche Dinge laufen bereits gut und möchtest du vertiefen?

....

....

....

....

GENUSSHAPPEN
Nicht für nebenbei!

Genuss ist für mich, sich Zeit nehmen, in der Küche stehen, mit Bedacht kochen und eine gute Flasche Wein öffnen und mit den Liebsten genießen. Mehr braucht es nicht.

Sven Zerwas
Sommelier Bischöfliche Weingüter Trier

GENUSSHAPPEN

Nicht für nebenbei!

Genuss bedeutet für mich, den Tag ohne Hektik zu starten, eine kurze Weile am Fenster zu verharren und die schillernden Farben des Sonnenaufgangs zu betrachten, bewusst innezuhalten und die unfassbare Schönheit des Da-Seins zu spüren.

Yvonne Powell
Lohnfachfrau / Lektorin

WOCHE 9

GenussHappen

Genuss entsteht immer aus der Hingabe in den Moment.

Nimm diesen mit allen Sinnen wahr!

Gib dem Moment die Bedeutung, die er verdient.

Genuss ist kein Zufall, sondern eine bewusste Entscheidung.

Regina Lehrkind

WOCHE 9

GenussHappen

Dienstag

Seit ich mich mit dem Buch „GenussHappen" beschäftige, liegt mein Fokus tagtäglich auf Genussmomenten. Wie wunderbar, diesen Fokus im Alltag zu erleben. Ich suche für euch Geschichten. Ich finde Geschichten für mich. Der Fokus steuert die Aufmerksamkeit und ich wünsche dir die Aufmerksamkeit in jedem kleinen Moment im Alltag.

Christine Carus

WOCHE 9

GenussHappen

Ich liebe es, für meine Freunde zu kochen. Gemeinsam am Tisch zu sitzen, zu erzählen, sich auszutauschen, einen guten Wein im Glas, einen Champagner ... Das ist für mich purer Genuss und ein kostbarer Moment. Diese Geselligkeit schenkt mir Inspiration, neue Perspektiven und ist Balsam für meine Seele.

Das gemeinsame Erleben von Genuss, das Planen von weiteren Genussmomenten – Theater- oder Konzertbesuche, u.v.m. – stärkt unsere sozialen Verbindungen.

Wann kochst du für deine Freunde?

Regina Lehrkind

WOCHE 9

GenussHappen

Wir telefonieren so lange. Nach 2 Stunden geht das Handy aus. Du rufst wieder an, weil wir noch so viel zu erzählen haben ...

Christine Carus

WOCHE 9
GenussHappen

Atme kristallklare Luft

Spüre den Tanz der Sonnenstrahlen auf der Haut

Lausche den Erzählungen des Horizontes

Höre Blätter im Wind singen

Schmecke Salz von Himmelstränen

Auf seidenweichen Lippen

In ihrem Kristallbunt

Spiegeln sich Freude und Schmerz

Das Parfum von

Wolkenleichtigkeit

Umhüllt seidenleicht

Hinter meinen Augen liegen Tränen

Sie wollen fließen

Genusslust

Regina Lehrkind

WOCHE 9
GenussHappen

Samstag

Meine morgendliche Dusche ... Das warme, angenehme Wasser, das über meinen Körper läuft ... Der duftende Schaum meines Duschgels ... Genuss... UND:
Zack bin ich wach! Das wird wieder einmal ein GUTER Tag!

Christine Carus

WOCHENREFLEKTION

GenussHappen

Was ist diese Woche besonders gut gewesen?

....

....

....

....

Wofür bist du dankbar?

....

....

....

....

Worauf bist du stolz?

....

....

....

....

Was macht dich glücklich?

....

....

....

....

Sei ehrlich zu dir! Wieviel Zeit hast du dir gegönnt?

....

....

....

....

Sei ehrlich zu dir! Wieviel Zeit hast du dir genommen, um zu genießen?

....

....

....

....

Was sind deine Genuss-/Ziele für die kommende Woche?

....

....

....

....

Was möchtest du nicht mehr tun, weil es dich nicht in die Umsetzung kommen lässt?

....

....

....

....

Welche Dinge laufen bereits gut und möchtest du vertiefen?

....

....

....

....

GENUSSHAPPEN

Nicht für nebenbei!

Genuss … wenn ich die Augen schließe und über Genuss nachdenke, dann sehe ich in meinen Gedanken immer unterschiedliche Dinge. Mal sehe ich mich selbst, wie ich ein köstliches Dessert von meinem Lieblingskoch genieße und mal, wie ich am Strand die Ruhe genieße, während ich meine Füße im erfrischenden Meer bade. Genuss ist für mich das, was meine Seele lächeln lässt.

Andreas Schmitz
Geschäftsführer und Financial Consultant

GENUSSHAPPEN

Nicht für nebenbei!

Genuss bedeutet für mich, jeden Moment bewusst wahrzunehmen und zu leben – sei es beim meditativen Verkosten eines authentischen Weins, der seine Geschichte erzählt, oder in der pulsierenden Energie eines erfolgreichen Geschäftsabschlusses. Meine größten Genussmomente entstehen dort, wo sich Leidenschaft und Achtsamkeit vereinen: Wenn ich nach einem intensiven Arbeitstag bei einem perfekt dekatierten Wein zur Ruhe komme und dabei spüre, wie sich Kraft und Entspannung in perfekter Balance die Hand reichen.

Philipp Erik Breitenfeld
CEO der Humanus Gruppe

Schreiben ist Genuss

- Regina Lehrkind -

Es sind die ersten Sätze, die den Leser in ihren Bann ziehen müssen, so wie der Rattenfänger von Hameln mit seinem zauberhaften Flötenspiel die Ratten einfing, in den sicheren Tod führte und eine Stadt von einer Plage erlöste. Gelingt es nicht den Leser zu beeindrucken, dann wird dieser das Buch nicht mit Genuss lesen und schnell aus der Hand legen.

Es ist wichtig, im Text Wortbilder zu nutzen, die fesseln. Sie dringen in das Unterbewusste und lösen Emotionen aus. Genau in diesem Moment beginnt die gemeinsame Reise von Leser und Autor. Ein tiefes Eintauchen in die Geschichte ermöglicht das Vergessen von Raum und Zeit.

Geschichten und Erinnerungen sind Bildfragmente, die wir aneinanderreihen. Wenn wir sie aufschreiben, bieten sie eine Möglichkeit, aus dem Alltag zu entfliehen, Geschehenes zu reflektieren oder für unsere Nachwelt zu erhalten.

Um mich im Handwerk des Schreibens zu üben, schreibe ich früh am Morgen einige Seiten. Die Stille des erwachenden Tages und der aufgeräumte Tisch schenken mir Klarheit und lenken meinen Geist nicht ab. Im entspannten Zustand formuliere ich Gedanken, kreiere Wortbilder und forme Sätze. Der Fluss des Bewusstseins ist befreit und meine Kreativität entfesselt.

Gedanken zu formulieren, das Finden der richtigen Worte und den roten Faden einer Geschichte zu knüpfen, versetzen mich in einen Zustand tiefer Befriedigung. Das Schreiben ist ein fortlaufender Weiterentwicklungsprozess, sei es im persönlichen Bereich (Schreiben eines Tagesbuches/Journals/Lyrik) oder im intellektuellen Bereich (Schreiben eines Sachbuches). Durch das Einnehmen verschiedener Perspektiven bekomme ich verschiedene Sichtweisen auf Geschehenes, Entwicklungen, etc. Ein fertiges Buch in den Händen zu halten, ist die Vollendung eines langen Prozesses und schenkt einzigartige „Herz-hüpft-Momente".

Meine Morgenroutine „Journaling" und das Schreiben von Lyrik pflege ich handschriftlich zu tun. Ich gehe in eine tiefe Konzentration, die mir mehr Ideen und Gedanken schenkt. Handschriftliche Fehler lassen sich nicht so leicht korrigieren, wie auf einer Tastatur Geschriebenes. Ich spüre das handschriftliche Schreiben körperlich in einer anderen Intensität. Darüber hinaus ist es für mich eine sinnliche Erfahrung mit einem schönen Füller oder guten Kugelschreiber Texte zu verfassen. Die Nutzung eines hochwertigen Schreibgerätes ist gleichzeitig Ausdruck meiner Persönlichkeit.

WOCHE 10

GenussHappen

Montag

Oh, heute bin ich spät dran. In Eile einen Kaffee, zügig angezogen, ab ins Büro.

Aber, warte … Der Kuss für meinen Partner bekommt seine Zeit.

Schnell hingehauen ist es kein Genuss und auf die paar Sekunden kommt es jetzt auch nicht mehr an.

Mmmmh. Schön!

Nun kann mein Tag doch mit guten Gefühlen starten.

Christine Carus

WOCHE 10

GenussHappen

Lass uns heute gemeinsam darüber nachdenken, was dir Freude bereitet und warum. Es wird dir helfen, deine Vorlieben besser zu verstehen und gezielt nach Genussmomenten zu suchen.

Ich liebe Bücher. Ich tauche tief in Geschichten ein, lerne viele Charaktere kennen, bin an unterschiedlichen Orten dieser Welt unterwegs, durchlebe verschiedene Situationen außerhalb der Alltagshektik. Es ist ein GenussErlebnis aus Lesen, Reflektion und sich Hineinversetzen.

Regina Lehrkind

WOCHE 10

GenussHappen

Ich sitze draußen auf der Terrasse. Es ist Sommer. Krass … meine Blumen riechen wirklich … ich achte jetzt einmal darauf.

Ich verlasse meinen Liegestuhl und gehe einmal um die Terrasse und betrachte meine Bepflanzung mit besonderer Aufmerksamkeit.

Blumen, Kräuter … den Rosmarin MUSS ich anfassen … und direkt an den Händen riechen.

Wow! Das ist Sommer!

Christine Carus

WOCHE 10

GenussHappen

Morgens nach dem Aufstehen pflege ich mein tägliches Ritual. Ich stelle ich mich an das weit geöffnete Fenster. Ich mache tiefe und bewusste Atemzüge, flute meine Atemwege mit frischer und unverbrauchter Luft. Jeder Morgen duftet anders, trägt sein eigenes Parfum und erzählt von den Träumen der Nacht. Meine Sinne werden sanft geweckt und es zaubert mir ein Lächeln.

Regina Lehrkind

WOCHE 10

GenussHappen

Es regnet!

Bis gerade war die Luft schwer und schwül.

Es wird schlagartig kühler. Der Regen reinigt die Luft. Ich bin erfrischt und gehe lächelnd durch all das, was von oben kommt!

Christine Carus

WOCHE 10

GenussHappen

Ätherische Öle lassen Sinfonien für meine Sinne entstehen. Ich liebe ihre Wirkung auf mein Wohlbefinden. Sie helfen mir, ruhiger zu werden und zu entspannen, manche Aromen heben meine Laune und andere fördern meine Konzentration.

Lavendel gehört zu den fünf beruhigenden Ölen (Balance, Lavendel, Adaptiv, Melissa, Motivate). Es gibt mehrere Möglichkeiten, ätherische Öle anzuwenden, um das emotionale Wohlbefinden zu verbessern.

Massiere das Öl auf die Schädelbasis und Nacken, oder gib es in einen Diffuser für die Raumbeduftung. Das ist eine von mir gern gewählte Variante, die auch mein Hund liebt.

Gib einen Tropfen des Öls direkt in die Handflächen und atme das Öl ein. Auf die Handgelenke getropft, trägst du den Duft den ganzen Tag mit dir.

Lavendelöl hilft mir zu entspannen und einen guten Schlaf zu finden.

Regina Lehrkind

WOCHENREFLEKTION

GenussHappen

Was ist diese Woche besonders gut gewesen?

....

....

....

....

Wofür bist du dankbar?

....

....

....

....

Worauf bist du stolz?

....

....

....

....

Was macht dich glücklich?

....

....

....

....

Sei ehrlich zu dir! Wieviel Zeit hast du dir gegönnt?

....

....

....

....

Sei ehrlich zu dir! Wieviel Zeit hast du dir genommen, um zu genießen?

....

....

....

....

Was sind deine Genuss-/Ziele für die kommende Woche?

....

....

....

....

Was möchtest du nicht mehr tun, weil es dich nicht in die Umsetzung kommen lässt?

....

....

....

....

Welche Dinge laufen bereits gut und möchtest du vertiefen?

....

....

....

....

GENUSSHAPPEN

Nicht für nebenbei!

Genuss

Das möchte ich dazu formulieren:

Genuss ist Lebensglück.

Genießen zu wollen, ist eine bewusste und sehr positive Entscheidung für Glücksmomente im Leben.

Und das Vergnügen, das Genuss bereitet, kann man sich zwar manchmal kaufen, meist genügt jedoch die Bereitschaft, das Besondere zu erkennen:

Die erste Erdbeere der Saison, die voller Süße und Geschmack ist.

Das amüsante Gespräch, das das Grau des Alltags erhellt.

Das Lächeln, das meinen Tag besonders macht.

Der Mensch, der mir positiv begegnet, obwohl ich vor ihm in der Schlange stehe.

Das Glas Champagne, dessen Duft den Raum so mondän erfüllt.

Der erste Schluck Champagne, der mich so herrlich unbeschwert macht.

Das zweite Glas Champagne, das mich über all die Kleingeister, Miesepeter und Geizkragen erhebt.

Das ist Genuss und Liebe zum Leben.

Christian JOSEPHI

Repräsentant des Comité Champagne für Deutschland & Österreich

WOCHE 11
GenussHappen

Du fühlst dich bereits am ersten Tag der Woche gestresst? Dann tue dir etwas Gutes. Gönn dir ein entspannendes Wannenbad am Abend mit viel Schaum, einem Glas Wein, Kerzen ...

Genussvolle Aktivitäten helfen dir, Stress abzubauen und das Wohlbefinden zu steigern. Das wiederum führt zu einem glücklicheren Lebensgefühl.

Regina Lehrkind

WOCHE 11

GenussHappen

Gerne erinnere ich mich an meine Kindheit! Wir hatten einen großen Garten mit sehr viel Rasenfläche. Es wurde gemäht und gemäht und gemäht.

Den Schnitt haben meistens meine älteren Brüder zusammengeharkt – zu einem großen Berg.

Meine große Freude – zum Ärgernis meiner Brüder – war es, mich in diesen Berg von frisch gemähtem Rasen zu werfen. Es roch soooo gut!

Rieche ich heute „frische Wiese" bin ich wieder acht Jahre alt!

Christine Carus

WOCHE 11
GenussHappen

Mittwoch

Gesunder Schlaf ist lebensnotwendig. Ursachen für Schlafstörungen gibt es viele – Ernährung, Vitaminmangel, Bewegungsmangel, etc. Hier solltest du deine Gewohnheiten hinterfragen, damit du für eine gute Schlafqualität sorgen kannst – frische Luft, Reduktion der Fernseh- und Displayaktivitäten, gelüftetes und abgedunkeltes Schlafzimmer. Eine weitere gute Unterstützung für einen ruhigen Schlaf sind ätherische Öle. Ich habe eine Roll-on Mischung, die dich dabei unterstützen kann.

Je 10 Tropfen von Vetiver, Lavender, Frankincense und Cedarwood in ein 10ml Roll-on Fläschchen geben. Mit einem Trägeröl auffüllen. Die Mischung wird auf Handgelenke, Fußsohlen, Nacken und Hals vor dem Schlafengehen aufgetragen.

Ich wünsche dir eine erholsame Nacht.

Regina Lehrkind

WOCHE 11

GenussHappen

Es ist eine sehr warme Nacht. Die Bettdecke ist mir schon zu warm.
Ich schmeiß sie an die Seite. Und jetzt:
Das Kopfkissen auf die kalte Seite drehen.

Christine Carus

WOCHE 11

GenussHappen

Freitag

Puh, ist das heute heiß ... Jetzt ein paar Eiswürfel in den Nacken. Großartig!

Christine Carus

WOCHE 11

GenussHappen

Sommeliers.Gin – Zitrus Brombeere

Während diese Zeilen auf das Papier fließen, bin ich aufgeregt. Ich schreibe meine erste Verkostungsnotiz zu einem London Dry Gin. Es ist nicht mein erster Gin, den ich im Glas habe, aber meine Leidenschaft für Gin erwachte recht spät.

Man möge mir verzeihen, wenn an der ein oder anderen Stelle die Worte fehlen, ... dieser Gin ist Genuss pur, so dass ich einfach schreiben muss.

Ich habe ein Weinglas für die Verkostung ausgewählt. Nach dem Öffnen der Flasche fluten Aromen meine Nase. Im Glas lasse ich den London Dry Gin ein bisschen atmen. Die Wachholdernoten sind sehr dominant und nach einer Weile nehme ich die Zitrusfrüchte und Brombeere wahr, die sich im Hintergrund halten. Eine sehr klare Textur.

Im Mund explodieren die Aromen. Es bleibt fruchtig, frisch, der Wachholder würzig im Vordergrund. Die Zitrone offenbart Bilder des Südens im Kopf und legt sich erfrischend auf die Zunge. Noten von Honig schmeicheln und bringen Süße.

Mit jedem Schluck spürt man die Leidenschaft für das Besondere, die Liebe zum Handwerk von André Bilz.

Regina Lehrkind

WOCHENREFLEKTION

GenussHappen

Was ist diese Woche besonders gut gewesen?

....

....

....

....

Wofür bist du dankbar?

....

....

....

....

Worauf bist du stolz?

....

....

....

....

Was macht dich glücklich?

....

....

....

....

Sei ehrlich zu dir! Wieviel Zeit hast du dir gegönnt?

....

....

....

....

Sei ehrlich zu dir! Wieviel Zeit hast du dir genommen, um zu genießen?

....

....

....

....

Was sind deine Genuss-/Ziele für die kommende Woche?

....

....

....

....

Was möchtest du nicht mehr tun, weil es dich nicht in die Umsetzung kommen lässt?

....

....

....

....

Welche Dinge laufen bereits gut und möchtest du vertiefen?

....

....

....

....

GENUSSHAPPEN

Nicht für nebenbei!

Genuss

Erfahrung steigert den Genuss und Geschmack

Genuss ist für mich mit viel Freude verbunden und hat viele Facetten, die in meinem Leben mir guttun.

Ich genieße gerne gutes Essen aus frischen Produkten wie regionale Gerichte, Hausmannskost und auch gehobene Küche. Auch kann mal Fastfood wie beispielsweise eine super Curry-Wurst mit einer besonderen Curry-Sauce ein Genuss sein.

Bei der Auswahl der Viktualien versuche ich, mein Budget im Auge zu behalten.

Die wahre Lebenskunst besteht darin, im Alltäglichen das Wunderbare zu sehen und nach Gusto zu genießen. (Bei dem Gusto richtet es sich bei mir häufig nach den Jahreszeiten. Dabei spielen meine Kindheitserinnerungen auch eine Rolle.) Voraussetzung ist für mich, dass die Produkte von bester Qualität und superfrisch sind.

Ich denke, dass ich mit meinen kulinarischen Erfahrungen sagen kann, dass Genuss Erfahrung und Zeit braucht.

Rolf Schmidt

2 Sternekoch

WOCHE 12

GenussHappen

Montag

Oh, wieder mal ein Paket mit viel Luftpolsterfolie. Ich nehme mir einen Moment Zeit und knacke die kleinen Polster auf. Ich bin wieder ein Kind ... Und freue mich über jeden Plopp, der das Polsterkissen aufspringen lässt.

Christine Carus

WOCHE 12
GenussHappen

Ein Diffuser bietet mir die Möglichkeit die Wirkung ätherischen Öle zu Hause oder am Arbeitsplatz zu genießen. Der Diffuser verteilt die ätherischen Öle gleichmäßig in der Luft und verbreitet damit den Duft schnell und effektiv im Raum.

Einige ätherische Öle haben antimikrobielle Eigenschaften. Diese können dabei helfen, die Luft zu reinigen und unangenehme Gerüche zu neutralisieren, so dass sich die Raumluftqualität deutlich verbessert.

Ein paar Tropfen Lavendelöl helfen eine entspannende Atmosphäre zu schaffen, die den Stress abbaut und das Wohlbefinden fördert.

Mit Pfefferminz- und Zitrusölen fördere ich die Konzentration und Produktivität – ideal während der Arbeitszeit.

Fülle Wasser in den Diffuser und gebe ein paar Tropfen deines Wunschöls hinzu. Es gibt Diffuser, die zusätzliche Funktionen, wie Farbwechsel und einen Timer haben, so dass man die Nutzung des Diffusers individuell auf seine Vorlieben anpassen kann.

Schaffe dir deine persönliche Wohlfühlatmosphäre und genieße den Moment.

Regina Lehrkind

WOCHE 12
GenussHappen

Als ich ein heute einkaufen ging, sah ich eine Frau mit einem wunderschönen Mantel. Sie ging eine Weile vor mir her. Dann blieb sie an einem Regal stehen, um sich ein Produkt anzusehen. Ich ging an ihr vorbei, schaute mich noch einmal um und ging wieder zurück. Ich musste es ihr einfach sagen.

„Sie haben einen so wunderschönen Mantel an. Er gefällt mir seeeeehr gut und Ihnen steht er einfach ganz besonders." Ich erhielt ein strahlendes Lächeln und ein großes Dankeschön. Diese Frau hat sich über das Kompliment wirklich gefreut und ich mich damit auch. Genussmoment pur! Freude, die wir schenken, kehrt ins eigene Herz zurück!

Christine Carus

WOCHE 12

GenussHappen

Donnerstag

Waren wir nicht alle erleichtert, dass wir die Schulbank nicht mehr drücken mussten und die lästige Pflicht des Lernens endlich vorbei war?

Wissen ist eine wichtige Ressource. Lernen zu dürfen, trägt zu meinem Wohlbefinden und Ikigai (Iki = Leben; Gai = Sinn) bei. Ich bin neugierig darauf, neue Dinge entdecken zu dürfen, um Wissen zu erlangen. Mein Geist bleibt jung und automatisch erlange ich Lebensklugheit. Das Leben an sich ist ein stetiger Lernprozess, dem wir uns nicht entziehen können.

Ich liebe den „Weg des Schreibens" (Shodo). Während meiner Morgenroutine lasse ich erste Zeilen auf das Papier fließen. Es braucht Papier und Stift und eine entspannte Atmosphäre, dass sich der Geist ganz dem Schreiben hingeben kann.

Regina Lehrkind

WOCHE 12

GenussHappen

Es ist eine Melodie,

die ich komponiere,

begleitet von dem Gesang der Zikaden.

Mildes Sonnenlicht schmeichelt den Tönen sanft

Und doch …

… so wild diese Schönheit.

Tief in meinen Augen spiegelt sie jene

Sehnsucht und Leidenschaft.

Auf meine Lippen

legen sich Aromen sonnengereifter Früchte

verführen meine Sinne

Augenblicke von Vollkommenheit

Regina Lehrkind

WOCHE 12
GenussHappen

Morgens um 5:00 Uhr aufzustehen, kann echter Genuss sein. Natürlich nicht für eine Nachteule. Für mich aber schon.

Das Haus zu verlassen, wenn die Stadt noch schläft, spazieren zu gehen und nur den Vögeln zu lauschen, den Tag erwachen zu sehen und in voller Aufmerksamkeit zu sein.

Manchmal gehe ich sehr früh zum Sport und freue mich über meine körperliche Aktivität, wenn andere noch faul im Bett liegen …

Christine Carus

WOCHENREFLEKTION
GenussHappen

Was ist diese Woche besonders gut gewesen?

....

....

....

....

Wofür bist du dankbar?

....

....

....

....

Worauf bist du stolz?

....

....

....

....

Was macht dich glücklich?

....

....

....

....

Sei ehrlich zu dir! Wieviel Zeit hast du dir gegönnt?

....

....

....

....

Sei ehrlich zu dir! Wieviel Zeit hast du dir genommen, um zu genießen?

....

....

....

....

Was sind deine Genuss-/Ziele für die kommende Woche?

....

....

....

....

Was möchtest du nicht mehr tun, weil es dich nicht in die Umsetzung kommen lässt?

....

....

....

....

Welche Dinge laufen bereits gut und möchtest du vertiefen?

....

....

....

....

GENUSSHAPPEN

Nicht für nebenbei!

Genuss ist für mich, wenn der Geschmack und das Drumherum eine Einheit bilden.

Sonja Pusceddu
Vielerlei Schwerte

GENUSSHAPPEN

Nicht für nebenbei!

Genuss bedeutet für mich, wenn ich mit Andy joggen gehe. Wenn ich etwas mit einem Freund mache. Wenn ich mit Andy Laserschwertkampf mache. Wenn ich verreise. Wenn ich Salat esse. Wenn ich schwimmen gehe und mit Flasche tauche. Und wenn ich Roblox spiele. Einer meiner größten Genussmomente, an den ich mich gerade erinnern kann, war im Serengeti Park. Der war so cool. Als erstes: Als wir dann in so einen großen Truck mit Betten und Walkie Talkies gegangen sind. Abends sind wir immer auf einen großen Platz gefahren, mit ganz viel Gras und da waren lauter Tiere. Strauße, Gnus, Zebras, ganz viele. Und da haben wir dann geschlafen, zwischen all den Tieren.

Da gab es voll coole Achterbahnen und da sind wir drauf gegangen.

Carl, 9 Jahre alt

WOCHE 13
GenussHappen

Du sagst zu mir: „Das weiß sonst keiner, außer meinen Eltern! Und ich denke, ich werde es auch niemanden sonst erzählen ..."
Vertrauen genießen – ich genieße dein Vertrauen!

Christine Carus

WOCHE 13

GenussHappen

Die Suppe – sie ist mehr als nur eine Vorspeise. Ihr Duft ist durchzogen von Erinnerungen an die Kindheit. Sie steht für mich für das liebevolle Versorgen und unendliche Zuwendung meiner Mutter und meiner Oma.

Gedanken an Traditionen werden wach. Ich erinnere mich an die Kohlrabisuppe meiner Oma. Sie hat ihr Rezept nie verraten. Der Tanz der Aromen war voller Kompositionen, die meine Lebensgeister weckten.

Suppe – eine seelenwärmende Umarmung von innen.

Regina Lehrkind

WOCHE 13
GenussHappen

Mittwoch

Die Kekse sind aufgegessen.

Auf dem Teller sind nur noch ein paar Krümel.

Es ist mein Teller, es waren meine Kekse, ich bin in meinem zu Hause,

ich bin alleine, ich mach jetzt, wie ich will …

Finger in den Mund und ein bisschen anfeuchten, Finger auf den Tel-

ler - mitten in die Krümel, Finger in den Mund.

Eine großartige Reihenfolge!

Mmmmmmh.

Christine Carus

WOCHE 13

GenussHappen

Ich liebe es zu reisen. Die Welt mit offenen Augen zu entdecken, dem Klang dieser Welt zu lauschen, Menschen und Kulturen kennenzulernen, die Vielfalt des Lebens zu feiern. Oftmals sind es die Perspektivwechsel, die uns Erkenntnisse schenken und den Blick auf neue Wege öffnen. Manchmal fordert eine solche Reise auch das Selbstbewusstsein heraus, wenn man die Sprache des Landes nicht beherrscht und es Selbstständigkeit und Anpassungsfähigkeit erfordert.

Auf dem Berggipfel neben meinem Hund zu sitzen und über die Weite des Landes zu schauen, tief und bewusst einzuatmen und zu genießen. Still mit mir selbst werden. Mutter Natur ist unfassbar schön und kostbar, sodass mir diese Momente die Tränen der Dankbarkeit in die Augen treiben.

Regina Lehrkind

WOCHE 13
GenussHappen

Freitag

Es ist spät, als ich nach Hause komme.

Ich hatte einen wunderbaren Abend mit Freunden, gutem Essen und dem einen oder anderen Glas.

Angeschwipst!

Ich höre meine Lieblingsmusik und tanze für mich allein.

Was für ein Erleben - ein genussvoller Abend mit einem so genussvollen Abschluss!

Christine Carus

WOCHE 13

GenussHappen

Per Te

Worte

Worte, die Bilder malen

Worte, die ein Lachen schenken

Worte, die in Sinntiefe führen

Worte, die wertvoll sind

Worte, die berühren - Herzen

Momente, die den Zauber mit Gänsehaut einhüllen

Glücklich sein mit den kleinen Momenten,

die du nie vergiesst.

Regina Lehrkind

WOCHENREFLEKTION
GenussHappen

Sonntag

Was ist diese Woche besonders gut gewesen?

....

....

....

....

Wofür bist du dankbar?

....

....

....

....

Worauf bist du stolz?

....

....

....

....

Was macht dich glücklich?

....
....
....
....

Sei ehrlich zu dir! Wieviel Zeit hast du dir gegönnt?

....
....
....
....

Sei ehrlich zu dir! Wieviel Zeit hast du dir genommen, um zu genießen?

....
....
....
....

Was sind deine Genuss-/Ziele für die kommende Woche?

....
....
....
....

Was möchtest du nicht mehr tun, weil es dich nicht in die Umsetzung kommen lässt?

....

....

....

....

Welche Dinge laufen bereits gut und möchtest du vertiefen?

....

....

....

....

GENUSSHAPPEN

Nicht für nebenbei!

Genuss ist für mich, wenn:

...ich bei einer Meditation in meiner eigenen Welt ein Nichts im Nirgendwo sein kann.
...ich mit dem Rad eine schöne Ausfahrt machen kann.
...ich mit Freunden eine großartige Zeit verbringe.

Christian Häring
Verkaufstrainer

GENUSSHAPPEN
Nicht für nebenbei!

Genuss bedeutet für mich, vollkommen in einen Moment einzutauchen, ihn mit allen Sinnen so intensiv wie möglich zu erfassen und zu bestaunen. So genieße ich jeden Morgen die ersten bewussten tiefen Atemzüge am offenen Fenster oder auf dem Balkon. Mit der Einatmung zelebriere ich es, wie der frische kühle Sauerstoff meine Lungen füllt, meine Brustwirbelsäule bewegt, meinen Geist erfrischt und aktiviert. Mit der Ausatmung darf die Müdigkeit aus mir herausfließen und ich lade Gelassenheit für den Tag ein. Ich genieße es, mich mit dem Fluss meiner Atmung zu bewegen, zum Beispiel beim klassischen Sonnengruß auf meiner Yogamatte. Ein weiterer absoluter Genussmoment ist für mich, das Farbenspiel des Sonnenuntergangs am Himmel und im Spiegel des Wassers zu beobachten. Am liebsten am Meer, aber im Alltag in Düsseldorf tut der Spaziergang am Rhein oder das Picknick am „Hammer Strand" sehr gut. Jedes Tagesende darf in Genuss abgeschlossen werden. So liebe ich es, in Shavasana gut eingekuschelt die Sicherheit und Geborgenheit im Bett zu spüren, mich für alles zu bedanken, was der Tag Magisches bereitgehalten hat, dann noch einmal tief einzuatmen und mit der Ausatmung alle Restanspannung des Tages von mir gehen zu lassen.

Rebecca Heiduk

Yogalehrerin und Assistentin der Geschäftsführung

Das limbische System bestimmt alle Ebenen unseres Lebens

- Christine Carus -

Das limbische System liegt zwischen unserem Großhirn und dem Hypothalamus, gilt als das Zentrum für Emotionen und das darauf basierende entsprechende Verhalten. Deshalb nenne wir es auch **das Gefühlshirn**. Es steuert unter anderem das Belohnungssystem, das Lernvermögen, das Erinnerungsvermögen und auch das Genussvermögen.

Wir unterscheiden drei Instruktionen: Balance, Dominanz und Stimulanz.

Die Balance-Instruktion lässt uns nach Sicherheit und Ruhe streben und jede Gefahr, jede Unsicherheit meiden. Es geht um Harmonie, die glücklich macht und wir wünschen uns, dass alles am gewohnten Platz ist und seine Ordnung hat. Traditionen, Familie und Freunde, Verbindungen und Verlässlichkeit sind Werte, die hier zu finden sind.

Die Dominanz-Instruktion hingegen ist die Kraft der Expansion und im Zweifel auch der Zerstörung. Hier geht es darum, besser zu sein, Macht und Einfluss zu haben, Autonomie zu leben und aktiv zu sein. Elite, Titel und elitäre Außenwirkung sind passende Attribute.

Bei der dritten Instruktion handelt es sich um die Stimulanz-Instruktion.

Die Kraft der Entdeckung und der Innovation, Reize und Risiko, Andersartigkeit und Neugier.

Die Stimulanz-Instruktion lässt uns nach Neuem und unbekannten Reizen streben und bricht aus Gewohntem aus. Hier geht es um Abwechslung. Langeweile soll vermieden werden.

Es geht um Spaß und Spannung, das Entdecken und um Erlebnisse.

Jeder von uns hat alle drei Instruktionen in sich.

Die meisten Menschen sind geprägt von einer oder zwei. Alle Menschen haben aber immer alle drei.

In dem Moment, wo wir Routinen leben, uns zum Beispiel morgens die Zähne putzen, folgen wir der Balance-Instruktion. Routine steht für Sicherheit, Zähneputzen für die Gesundheit.

Das Weihnachtsfest hat einen immer gleichen Ablauf – Balance!

Wir sind seit Jahren in einem Verein? Balance.

Unser Freundeskreis ist uns heilig? Balance.

Die Wanderschuhe müssen in erster Linie passen – müssen nicht schön sein? Balance.

Die Dominanz-Instruktion kommt zum Ausdruck, wenn wir zum Beispiel auf der Autobahn bei einer Geschwindigkeitsbegrenzung von 120km/h jemanden vor uns haben, der 80km/h fährt. Wer von uns will da nicht überholen?

Ich gönne mir heute ein Glas Champagner? Dominanz.

Das Auto sollte schon etwas hermachen? Dominanz.

So langsam möchte ich in der Firma meine Handlungsvollmacht bekommen, die mir schließlich zusteht? Dominanz.

Ich habe zur Beförderung einen Mont Blanc-Kugelschreiber mit Namenszug bekommen. Stolz? Dominanz.

Die Stimulanz-Instruktion ist aktiv in dem Moment, indem wir ein

Buch lesen, den Fernseher einschalten oder Radio hören. Hier geht es um neue Reize.

Spannender Film? Stimulanz.

Bungee-Jumping? Stimulanz.

Urlaub ... wir fahren einfach mal los und halten, wo wir es schön finden? Stimulanz.

Dunkler Anzug, weißes Hemd, lila Socken? Stimulanz.

Bunte Schuhe – ja, Stimulanz. (Das ist ein Insider.)

Das, was der Mensch genießt, hat eben auch etwas mit den Instruktionen zu tun.

Der stark Dominanzinduzierte genießt seinen Urlaub auf den Malediven im fünf Sterne Ressort, der Balanceinduzierte fährt, so wie jedes Jahr, in seine Ferienwohnung auf Norderney und der Stimulanzinduzierte liebt es, mit dem Rucksack fünf Wochen durch Indien zu trampen und nicht zu wissen, wo er am nächsten Tag sein wird.

Ein dominanzinduzierter Mensch liebt es, in Sterne-Restaurants zu speisen, ein Balanceinduzierter nimmt die Gaststätte mit Bratkartoffeln und Schnitzel und ein Stimulanzinduzierter freut sich daran, dass er endlich einmal gegrillte Heuschrecke bekommt.

Nun, das ist alles krass und sehr überzogen.

Mir ist wichtig, dass du erkennst, dass Genuss nicht allgemein gültig ist.

Gesteuert wird Genussempfinden nicht nur durch Referenzerfahrung, die wir im Laufe des Lebens gemacht haben und die uns dazu bringen, etwas zu lieben oder abzulehnen.

Genussempfinden ist auch bestimmt durch den limbischen Anteil in unserem Gehirn, der schon seit Geburt vorbestimmt ist. Die Limbic ist nämlich - unabhängig von allem Erleben – die Basis.

Sie kann sich nur schwer im Laufe des Lebens verändern. Ein Schicksalsschlag, wie zum Beispiel eine schwere Krankheit oder der Verlust eines geliebten Menschen, kann die limbische Instruktion verschieben. Zum Beispiel von der Balance-Instruktion auf die Stimulanz-Instruktion. In dem Moment, wo das Leben den Boden unter den Füßen wegzieht, wird bewusst, dass der Moment zu nutzen ist, denn im Moment gibt es keine Routinen und keine Sicherheit.

Auch im Alter kann sich eine Instruktion verschieben, zum Beispiel von der verrückt angezogenen Frau, die immer wieder in der Stimulanz nach außen wirkte, wird im Alter, die praktisch denkende, beige gekleidete alte Dame. Hauptsache praktisch, Hauptsache zu waschen, Hauptsache bequem! Schon wird aus der Stimulanz eine Balance.

Was wären wir ohne die ausgeprägten limbischen Systeme?

Tiefseeforscher, die im Zweifel ihr Leben riskieren, um herauszufinden, welches Leben in 10.000 m Tiefe des Ozeans zu finden ist, können das nur durch ihre Stimulanz-Instruktion darstellen. Ein Dominanzinduzierter würde so etwas niemals tun. Er finanziert das Ganze vielleicht für Ruhm und Ehre.

Wer, wenn nicht balanceinduzierte Menschen wären in der Pflege, bei der Feuerwehr, Versicherern oder im Rettungsdienst? Menschen, die unterstützen und bewahren.

Wenn doch alles schneller und besser und noch effektiver gehen muss, dann ist es meistens von einem dominanzinduzierten Menschen inspiriert. Computeranwendungen und Antibiotika kommen ganz bestimmt aus der Feder eines dominanzinduzierten. Okay, bei Antibiotika würde ich auch noch an die Balance denken …

Alle Instruktionen haben ihre Berechtigung.

DU hast alle drei.

Probiere doch einmal bewusst einen Genussmoment aus einer bei Dir weniger ausgeprägten Instruktion.

Willst Du? Das wäre dann Deine Stimulanz-Instruktion. Wenn nicht, dann bleib auch gerne in der Balance. Lässt Du Dir von mir GAR NICHTS sagen…auch ok. Ist ja DEINE Instruktion!

WOCHE 14
GenussHappen

Die Liebe zum Jazz habe ich von meinem Vater geerbt. Er hatte eine große Sammlung von Jazzplatten. Dieser Musikstil, beeinflusst von Ragtime, Minstrel Shows und Blues, geprägt von Freude, Melancholie, Trauer, mit langsamen und schnellen Tempi, faszinierte mich von klein auf. Im Jazz liegt eine Botschaft. Er bedient sich einer eigenen Sprache, die besser und einfacher nicht sein kann, um Emotionen und Gedanken auszudrücken. Es ist die Sprache des Herzens, für die es kein Wörterbuch bedarf. Als Kind durfte ich mehrere Instrumente lernen. Die ersten Übungsstücke auf der Orgel waren Jazzstücke. So begann sich hier der erste Kreis zu schließen.

Über den Hagener Jazzmusiker Lutz Eikelmann habe ich 2011 einen Artikel im Hagener Jahrbuch geschrieben.

Heute liebe ich es, die Klavierkonzerte der Jussen Brüder und von Alexander Krichel zu besuchen. Die klassische Musik, die Kunst, das Klavier zu spielen, zaubern mir oft Gänsehaut oder gar Tränen legen sich in meine Augen. Viele der Konzerthäuser in Deutschland habe ich besucht.

Großgeworden bin ich mit vielen Musikgenres. Musik ist aus meinem Leben nicht wegzudenken. Sie erfüllt mich.

Regina Lehrkind

WOCHE 14

GenussHappen

Dienstag

Das Neue Jahr hat gerade erst begonnen.

Ich bin bereit für den Frühling und kaufe mir die ersten Tulpen!

Frische Blumen in der Wohnung ...

Christine Carus

WOCHE 14
GenussHappen

Gesungen habe ich seit Kindertagen. Erst in der Kirche in der Jugendschola, später im Schulchor und der Schulband. Noch heute singe ich gerne, höre täglich Musik, viele Musikstücke summe ich mit, viele singe ich mit. Es tut mir gut. Ich verspüre pure Lebensfreude beim Singen.

Singen ist gesund, weil es die Atmung intensiviert, entspannend auf Körper und Geist wirkt, das Herz-Kreislauf-System stärkt, die Immunabwehr steigert, Ängste löst und Stress abbauen kann. Im Blut lässt sich nach nur dreißig Minuten eine deutliche Erhöhung von Serotonin, Noradrenalin, Beta-Endorphinen und Oxytocin nachweisen. Singen verbessert unseren Gefühlszustand und unser Wohlbefinden durch die Ausschüttung von Glückshormonen.

Regina Lehrkind

WOCHE 14
GenussHappen

Über das Jahr hinweg sammle ich in einem großen Gefäß Dinge, die mich an schöne Momente erinnern.

Eine Eintrittskarte, ein Flugticket, eine Speisekarte, ein Sektkorken, eine Geschenkschleife, eine besondere Urlaubs-Postkarte und so weiter.

Das Sammeljahr startet jeweils an meinem Geburtstag.

Früh morgens sitze ich mit diesem Gefäß dann bei einem Kaffee oder vielleicht schon einem Glas Sekt und schaue mir mein vergangenes Lebensjahr an - mit all den positiven Momenten.

Mein Herz ist voll ...

Sehr genussvoll werfe ich dann alle diese Dinge in den Müll, denn DAS ist Vergangenheit.

Positiv aufgeladen starte ich nun mit der nächsten Sammlung! Ein Genussmoment nach dem anderen wartet schließlich auf mich.

Christine Carus

WOCHE 14

GenussHappen

Nach einem langen Spaziergang komme ich durchgefroren nach Hause.

Schuhe aus, dicke Socken an.

Wasserkocher an, Tee gekocht.

Mit Kuscheldecke und Tee auf die Couch.

Ach, wie gut ich es habe?!

Ein gutes Gefühl, wenn ich so nach und nach wieder richtig warm werde.

Christine Carus

WOCHE 14

GenussHappen

Heute Abend im Glas ... (11.05.2014)

Cupola Ravenna Rosso 2008 - Im Glas zeigt er sich mit einem intensiven Rubinrot und leichten violetten Nuancen. Je länger er atmen kann, umso mehr zeigt er, wie vielschichtig er ist. In der Nase dominieren die Aromen reifer Früchte umspielt von Vanille, Kräutern, Tanninen. Er ist imposant am Gaumen, dennoch elegant, ein langes Finale aus Früchten, Vanille und Mineralien. Wenn ich meine Augen schließe, dann sehe ich die kleinen Kräutergärten vor mir, Steinmauern auf den sich die Salamander sonnen, den Sonnenuntergang, bei dem ich diesen Wein trinken möchte, vielleicht sogar eine Zigarre dazu rauchen möchte. Dieser Wein ist ein eleganter Gigant - für mich mit Wow-Effekt.

Im Vergleich zum 2009er ist dieser Wein viel kräftiger, hat aber nichts an Eleganz eingebüßt. Andre Eggli – ich danke dir für diesen Wein - das ist großes Kino. Wein, wie ich ihn mag.

Regina Lehrkind

WOCHENREFLEKTION
GenussHappen

Was ist diese Woche besonders gut gewesen?

....

....

....

....

Wofür bist du dankbar?

....

....

....

....

Worauf bist du stolz?

....

....

....

....

Was macht dich glücklich?

....

....

....

....

Sei ehrlich zu dir! Wieviel Zeit hast du dir gegönnt?

....

....

....

....

Sei ehrlich zu dir! Wieviel Zeit hast du dir genommen, um zu genießen?

....

....

....

....

Was sind deine Genuss-/Ziele für die kommende Woche?

....

....

....

....

Was möchtest du nicht mehr tun, weil es dich nicht in die Umsetzung kommen lässt?

....

....

....

....

Welche Dinge laufen bereits gut und möchtest du vertiefen?

....

....

....

....

GENUSSHAPPEN
Nicht für nebenbei!

Es begann mit einer Enttäuschung. Als Jugendlicher wünschte ich mir ein Fahrrad. Mein Vater war aus dem zweiten Weltkrieg beinamputiert zurückgekommen, so dass meine Eltern mir meinen Wunsch verweigerten. Stattdessen kaufte mir mein Vater in einer Drogerie einen Fotoapparat der Marke „Agfa Siletta". Die Kamera hatte ein feststehendes Objektiv mit manueller Belichtung. Um korrekt belichten zu können, benötigte man einen separaten Belichtungsmesser.

So ausgestattet begann ich innerhalb der Familie an Geburtstagen oder bei anderen Ereignissen mit einem Kleinbildfilm – anfangs schwarz-weiß und später farbig – zu fotografieren. Ich habe es genossen, in der Familie und der Verwandtschaft als Einziger einen Fotoapparat zu besitzen.

Ein wenig später begann das Berufsleben mit der Ausbildung und etwa zehnjähriger Tätigkeit bei einem Kreditinstitut. Es war wahrhaftig für mich ein Sprung aus dem behüteten häuslichen Umfeld in die für mich fremde und quirlige Innenstadt. Aber daran habe ich mich mit so vielen neuen Eindrücken gewöhnt und schließlich die Zeit hier gegenüber meiner Vorstadt genossen.

Nach dem Wechsel zu einem anderen Kreditinstitut ergab es sich, dass ich ausgerechnet in meiner Vorstadt eine Bankfiliale neu eröffnen und dort Kunden akquirieren konnte. Zu alteingesessenen Familien, aber auch zu vielen Neubürgern hatte ich mit der Zeit sehr guten Kontakt. Ich erinnerte mich wieder meines früheren Hobbys fotografieren. Es ergaben sich interessante Gespräche und wer früher einmal fotografiert hatte, stellte mir seine Fotos aus den Ortsteilen zum Abfotografieren zur Verfügung.

Über viele Jahre habe ich den Wandel des Stadtteiles, in dem ich lebe und aufgewachsen bin, festgehalten. Es ist für mich als Ortshistoriker Freude und Genuss zugleich, nach all den Jahren das umfangreichste Archiv dieser Art zu besitzen.

Mit der Zeit konnte ein eigenes Buch veröffentlicht, eigene Kalender herausgegeben und zahleiche Veröffentlichungen in Vereinszeitschriften und anderen Publikationen gemacht werden. Immer wieder gibt es Anfragen Ortsansässiger oder der Stadt, die mich zu längst Vergangenem um Auskunft bitten. Aber auch zu manchem Vortrag wurde ich eingeladen, um etwas aus dem Archiv vorzuführen.

Es ist so schön und für mich ein Genuss, das Archiv zu durchstöbern, dabei ein Stück Schokolade zu genießen und manche Geschichte dazu in Erinnerung zu rufen.

Ferdinand Lehrkind
Betriebswirt VWA i.R.

WOCHE 15

GenussHappen

Montag

Heute Abend gehe ich essen, ich weiß, es wird sehr lecker und mehr als normal.

„Bereuen" kenne ich in dem Zusammenhang nicht.

Ich habe große Vorfreude auf die gustatorischen Momente und bin mit einem dicken Grinsen morgens auf dem Laufband …

Mit Vorfreude ist auch das Laufband ein Genuss!

Christine Carus

WOCHE 15

GenussHappen

Wie oft nehmen wir am Tag das Handy in die Hand, um zu telefonieren, eine Nachricht zu schreiben oder uns in den sozialen Medien zu bewegen? Das Handy ist ganz nebenbei noch Spielzeug, Informationsquelle, Fotoapparat, Verbindung zu Freunden, Navigator, Kalender, u.s.w. und das Rund um die Uhr.
Dieses kleine Gerät kann aber auch zur Belastung, zur Sucht werden und uns die Freude am Genuss zu nehmen.

Nimm dir heute und in den nächsten Tagen bewusst Auszeiten und lege das Handy zur Seite. Ohne diesen ständigen Zwang, am Handy etwas erledigen zu müssen, kannst du im Fokus bleiben und mal wieder in Ruhe ein Buch lesen.

Regina Lehrkind

WOCHE 15

GenussHappen

Mittwoch

Vorfreude, Freude, Nachfreude.

Es gibt immer wieder Dinge, auf die ich weder eine Vorfreude noch eine Freude am Tun habe.

Ich weiß aber um meine Freude, die ich habe, wenn's erledigt ist.

Das kann das Kelleraufräumen sein oder die Joggingrunde nach fünf faulen Monaten.

Ich konzentriere mich auf die Nachfreude und schaffe es, mich aufzuraffen.

Da kann sogar das UNGELIEBTE zu einem Genussmoment werden.

Christine Carus

WOCHE 15

GenussHappen

Wie wäre es am Wochenende mit einer Genusskombination – Whisky und Zigarre?

Die Kunst des Pairings von Whisky und Zigarre besteht darin, dass ein sorgfältig ausgewählter Whisky, die Aromen einer Zigarre hervorheben kann und umgekehrt. Die Aromen und die Nuancen beider Produkte sollten bekannt sein.

Die Aromen eines Whiskys können je nach Herkunftsland, Destillation und Alterung stark variieren. Die bekanntesten sind Aromen sind: Torf, Rauch, Vanille, Karamell, Eiche, Früchte und Gewürze – gepaart mit einer leichten Schärfe oder einem Hauch von Süße.

Beim Tabak sind Sorte, Anbauort, Fermentationsprozess und Reifung entscheidend für die Aromen, wie Leder, Erde, Holz, Gewürze, Schokolade, Kaffee und Süße. Die Intensität variiert stark je nach Zigarrenformat. Zu einem Laphroig (rauchig und torfig) würde ich eine kräftige Zigarre empfehlen – die Cohiba. Eine mittelkräftige Zigarre, z. B. Punch, passt sehr gut zu einem Glenmorangie, der fruchtige und würzige Aromen hat.

Schlussendlich braucht es Geduld und Experimentierfreude, um ein harmonisches Geschmackserlebnis durch ähnliche Aromen zu erzielen. Slainte!

Regina Lehrkind

WOCHE 15

GenussHappen

Menschen, die Hunde haben, wissen es. Ungeachtet des Wetters heißt es „Raus vor die Tür". Heute nieselt es und ich bin mit einem Freund mit Hund zum Spaziergang verabredet. Möchte ich? Eigentlich nicht ...

Ich möchte aber die Zeit mit diesem Freund nutzen. Ich mag so gern die Gespräche und die Leichtigkeit mit ihm.

Naja, es gibt nur falsche Kleidung. Also LOS!

Wir spazieren durch den Nieselregen: Wir sind albern.

Wir tanzen eine Runde ... im Park ... im Regen - und der Hund hüpft um uns herum.

So viel Spaß und so viel Genuss mit Mann und Hund und Regen.

Christine Carus

WOCHE 15
GenussHappen

Wenn Tag und Nacht sich umarmen

Ein Wispern

Ein Raunen von Laubgrün

Sich in Ohren legt

Eine Symphonie von Stille

Die Spuren auf der Leinwand

Von Mutter Natur

Mit Augen sehen

glutrot

versinkend

glutrot

erwachend

Atemlose Sprachlosigkeit

Wenn Tag und Nacht sich umarmen

Regina Lehrkind

WOCHENREFLEKTION
GenussHappen

Was ist diese Woche besonders gut gewesen?

....
....
....
....

Wofür bist du dankbar?

....
....
....
....

Worauf bist du stolz?

....
....
....
....

Was macht dich glücklich?

....

....

....

....

Sei ehrlich zu dir! Wieviel Zeit hast du dir gegönnt?

....

....

....

....

Sei ehrlich zu dir! Wieviel Zeit hast du dir genommen, um zu genießen?

....

....

....

....

Was sind deine Genuss-/Ziele für die kommende Woche?

....

....

....

....

Was möchtest du nicht mehr tun, weil es dich nicht in die Umsetzung kommen lässt?

....

....

....

....

Welche Dinge laufen bereits gut und möchtest du vertiefen?

....

....

....

....

GENUSSHAPPEN
Nicht für nebenbei!

Genuss ist für mich, inspirierenden Menschen zuzuhören und mich von dieser Inspiration abstecken zu lassen.

Mario Schwarz
Founder

GENUSSHAPPEN

Nicht für nebenbei!

Genuss ist für mich, jede freie Sekunde des Lebens zu leben, so wie es mir gefällt!

Joshua Schulz
Investment-Professional

WOCHE 16
GenussHappen

Montag

Sekunde für Sekunde legen sich neue Bilder in meine Augen, der Fahrtwind streift meine Haut. In das Himmelsblau schreiben sich Geschichten aus Wolkenweiß. Ich atme tief und bewusst ein und aus. Ich bin mit dem Fahrrad unterwegs und trainiere auf Ausdauer. Die Beine bewegen sich gleichmäßig, der Kopf schmeißt unnötige Gedanken auf den Sperrmüll. Das Sorgenlöschpapier erledigt den Rest. Ich spüre HerzhüpftMomente in mir und eine berauschende Freiheit. Ich lächle beim Radfahren, damit der innere Schweinehund nicht laut werden kann und mir seine Gedanken aufdrängt. Gedanken, die mich in meiner Leistungsfähigkeit bremsen, wenn sie zu laut werden. An Kraftorten halte ich an und beobachte die Natur, wie sie sich verändert, kleine Momentaufnahmen. Ich übe mich im Sehen.

Regina Lehrkind

WOCHE 16

GenussHappen

Ein Überraschungs-Päckchen von meiner ehemaligen Kooperationspartnerin Carolin … Och!??

Wir hatten lange nichts voneinander gehört, geschweige denn miteinander gearbeitet und jetzt kam mitten im Jahr – ohne Anlass – ein Päckchen.

Voller Spannung, echt … ein bisschen aufgeregt … öffnete ich das Päckchen.

Aus wunderschönem Geschenkpapier wickelte ich eine große Teetasse aus.

Aufschrift „Du bist eine der Guten".

Ich war völlig perplex und sprachlos vor Überraschungsfreude!

Als ich mich gefangen hatte, rief ich Carolin an. Ich freute mich wirklich sehr, sehr, sehr.

Sie hatte an mich gedacht, als sie diese Tasse sah, und meinte, sie würde mir zustehen.

Nach einer langen Pause der Zusammenarbeit habe ich mich über diese Geste, über so viel Anerkennung und Lob, unglaublich gefreut.

Wenn ich heute diese Tasse nutze, muss ich häufig lächeln, weil zu dieser Tasse für mich das Gefühl der Anerkennung und der Bestätigung gehört.

Christine Carus

WOCHE 16

GenussHappen

Meine Wetter App gab an, dass es in drei Stunden regnen würde.

Naja, dachte ich mir, drei Stunden will ich ja nicht spazieren gehen, also kann ich noch raus. Gesagt, getan. Schuhe an. Jäckchen drüber und los ging's.

Ich war etwa eine halbe Stunde unterwegs, da verdunkelte sich der Himmel und nach ein paar Minuten fielen dicke Tropfen aus den Wolken. „Tolle WetterApp!", dachte ich mir, „Aber es ist ja nicht zu ändern." „Also, wie geht es weiter?", war mein nächster Gedanke.

Stell ich mich jetzt unter und warte ab?

Gehe ich weiter und werde klitschenass? Laufe ich zurück und werde auch klitschenass?

Ich machte einen Plan. Fünf Minuten unterstellen, wenn es dann noch schüttet, einfach zurück nach Hause laufen, wenn es fisselt, weitergehen.

Nach fünf Minuten klarte der Himmel auf und nach ein paar weiteren Minuten war es so, als wäre nichts gewesen. Es hatte aufgehört zu regnen und die Sonne kam durch.

Mit noch viel mehr Freude als zuvor, lief ich meine Spazierstrecke weiter.

Ich liebe es, wenn Pläne noch besser aufgehen als gewünscht!

Christine Carus

WOCHE 16
GenussHappen

Im Entstehungsprozess dieses Buches habe ich mich mehrfach in den Moment fallen lassen. Es waren Bilder, Bücher, Artikel, die ich herausgesucht habe, um sie erneut zu lesen oder anzuschauen. Es war ein Bad in Genusserinnerungen, die mir ein Lächeln schenkten. Es ist wichtig, innezuhalten, sich die Zeit zu nehmen, um sich bewusst zu werden. Ich musste lernen das zuzulassen und das das sein darf. Zu Beginn war ich unruhig und hatte Sorge, dass das meinen Zeitplan für dieses Buch zerstören würde. Zu keinem Zeitpunkt hinkte ich hinterher. Im Gegenteil, dieser Prozess schenkte mir Energie. Ich liebe und genieße, was ich tue.

Regina Lehrkind

WOCHE 16

GenussHappen

Das Kelleraufräumen ist ein Angang. Und das muss einmal sein.

Bei Aufgaben, die mir keine richtige Freude machen, nutze ich manchmal die Pomodoro Technik. 25 Minuten aufräumen, 5 Minuten Pause.

Ich beginne den Keller leer zu räumen. Die Zeit läuft.

Der Besen fliegt durch diesen kleinen Raum. Schon sind die ersten Kisten wieder eingeräumt und ordentlich gestapelt.

Der Wecker klingelt, die 25 Minuten sind um.

Ach, das bisschen schaffe ich jetzt auch noch.

Nun habe ich sogar noch Lust zu sortieren. Ein großer Sack mit Müll entsteht, ein Karton zum Verschenken, eine Tüte für die Altkleidersammlung.

Pomodoro Technik war in dem Moment nicht mehr gefragt. Nach anderthalb Stunden war mein Keller blitzblank und ich mit dieser Ordnung höchst zufrieden. Ich dachte, „Einfach mal anfangen. Warum hast du es so lange aufgeschoben?"

Ich schaute sehr zufrieden in den aufgeräumten und sortierten Keller, lächelte vor mich hin, ging in meine Wohnung und kochte mir zur

Belohnung erst mal eine große Tasse Kaffee.

Das war doch eine wunderbar effektiv genutzte Zeit. Und der Keller

... wow!

Christine Carus

WOCHE 16

GenussHappen

Samstag

Unter dem Leuchtfeuer

Öffnet sich ein Raum ohne Grenzen

Fantasiebeflügelt

Halten wir uns an den Händen

Wünsche und Träume

Gewinnen an Form und Farbe

Umrahmt von Horizonten und Himmelsblau

Vergessend den Takt der Zeit

Um zu hören

Um zu sehen

Um zu fühlen

Wenn der Mund des Windes

Leise Saxophontöne um das Leuchtfeuer bläst

Zeit, um glücklich zu sein

Regina Lehrkind

WOCHENREFLEKTION
GenussHappen

Was ist diese Woche besonders gut gewesen?

....

....

....

....

Wofür bist du dankbar?

....

....

....

....

Worauf bist du stolz?

....

....

....

....

Was macht dich glücklich?

....

....

....

....

Sei ehrlich zu dir! Wieviel Zeit hast du dir gegönnt?

....

....

....

....

Sei ehrlich zu dir! Wieviel Zeit hast du dir genommen, um zu genießen?

....

....

....

....

Was sind deine Genuss-/Ziele für die kommende Woche?

....

....

....

....

Was möchtest du nicht mehr tun, weil es dich nicht in die Umsetzung kommen lässt?

....

....

....

....

Welche Dinge laufen bereits gut und möchtest du vertiefen?

....

....

....

....

GENUSSHAPPEN
Nicht für nebenbei!

Genuss auf Rädern

Unterwegs zu sein mit meinem Gutesten im Wohnmobil bereitet mir größten Genuss. Ein wenig erhöht auf meinem Queens-Chair sitzend schaue ich in die vorbeisausende Landschaft und gewinne mit jedem Meter Abstand zum „alltäglichen Wahnsinn". Der Weg ist das Ziel und großartig das Ankommen an einem wunderschönen Ort. Die Gartenstühle rausstellen, den Tisch decken mit wunderbaren Gaumenfreuden und einem guten Tropfen. Mit dem Blick aufs Wasser oder ein brennendes Lagerfeuer ist DER GENUSSMOMENT perfekt - die Seele baumelt!

Barbara-Christine Schild
Dipl.-Geogr.

GENUSSHAPPEN

Nicht für nebenbei!

Genuss – Ich könnte ein ganzes Kapitel darüber schreiben.

Also mal kurz:

Immer wenn ich mir bewusst mache, wie gut es mir geht, empfinde ich das Gefühl tiefer Dankbarkeit und Zufriedenheit. Diese Erkenntnis erzeugt dann Glücksgefühle.

Immer wenn ich mit guten Freunden gemeinsam etwas erlebt habe, bin ich glücklich.

Gerne gehe ich mit guten Freunden essen. Dabei ist nicht wichtig, was auf dem Tisch, sondern auf den Stühlen ist.

Eigentlich genieße ich mein Leben, einzelne Momente oder Ereignisse verstärken den "Genuss" lediglich!

Ulrich Wedding
„Im Unruhestand"

WOCHE 17

GenussHappen

Montag

Mit Worten kreiere ich Bilder, die aus Gefühlen, Gedanken und Beobachtungen ein Ganzes ergeben.

Andere Künstler nutzen Materialien, wie Holz, Papier, Leinwände und Farben, um Stimmungen, Fantasien, etc., in Bildform zum Ausdruck zu bringen.

Es sind Welten, die Neues entdecken lassen, die das Alltägliche vergessen lassen – sei es durch Malerei, Musik, Tanz, Theater, Worte …

Es ist ein Raum für die Entführung des Geistes.

Regina Lehrkind

WOCHE 17

GenussHappen

Leute, Leute, Leute … Eigentlich wollte ich einen ruhigen Samstagabend verbringen. Der ist mir vergönnt.

Der Sohn meiner Nachbarn feiert seinen Geburtstag. Party, Party, Party. Ziemlich laut. Oh, gute Musik. Kenn ich … kann ich mitsingen.

Ich sitze auf meiner Couch und wippe mit den Füßen.

Ach, ich kann ja mal aufstehen und mich ein bisschen bewegen.

Schon tanze ich vor mich hin.

Die Musik, die nicht aufhört, die externe Unterhaltung finde ich plötzlich wunderbar. Tanzen kann ich eigentlich immer und es entspannt mich.

Und jetzt noch ein Gläschen Wein.

Kühlschrank auf, Korken gezogen … Lalalalala!

Bewegung ist doch eh viel gesünder, als auf der Couch zu liegen, oder?

Ich bekomme gute Laune und freue mich, dass ich so aktive Party People neben mir habe.

Am nächsten Tag fragt mich der Vater, ob der Sohn zu laut gefeiert habe. Ich antwortete: „Gerade mal laut genug für mich." Wir lachen herzlich und geben uns FIVE!

Christine Carus

WOCHE 17
GenussHappen

Die Wärme des Raumes umhüllt mich wohltuend. Ein Duft von Orangen durchzieht den Raum. Ich atme ruhig und gleichmäßig, während warmes Öl auf meine Haut fließt.
Kräftige Hände beginnen langsam meinen Körper zu massieren. Ich spüre, wie sich Verkrampfungen lösen, lasse mich in eine tiefe Entspannung fallen und werde langsam müde.

Regina Lehrkind

WOCHE 17

GenussHappen

Soll ich? Oder soll ich nicht?

Die Flasche ist knallkalt und steht seit einiger Zeit im Kühlschrank.

Ich wollte auf einen besonderen Moment warten.

Aber was ist ein besonderer Moment?

Ist jetzt ein besonderer Moment?

Ist es nicht das Thema der Bewertung, wann ein Moment für MICH besonders ist?

Vielleicht findet dieser „besondere" Moment auch gar nicht statt, den ich mir im Zusammenhang mit dieser Flasche ausgemalt habe!?

Ich habe heute einen besonders guten Tag!
ALSO:
Warum nicht?

Ich nehme eins der besonderen Champagnergläser aus dem Schrank!
...

Christine Carus

WOCHE 17

GenussHappen

...

Ich öffne die Agraffe, der Korken löst sich leise zischend.

Ich schenke ein. Mein Speichelfluss funktioniert.

Einmal gucken. Einmal riechen. Noch mal gucken.

Ich führe das Glas zum Mund.

Ein kleines Schlückchen.

Der Champagner auf meiner Zunge.

Geschmacksknospen in höchster Aufmerksamkeit.

Mmmmmmmmh!

Konzentration auf alles, was ich mit diesem Glas verbinde.

Visuell.

Auditiv.

Olfaktorisch.

Gustatorisch.

Und jetzt auch noch - vor allen Dingen - voll im Gefühl!

Genuss mit allen fünf Sinn!

Christine Carus

WOCHE 17

GenussHappen

Ein Moment im Leben unvergessen bleibt,
in welchem Zeit stillsteht - scheinbar
unhörbar
Sekunden takten weiter

Ein Moment im Leben
tiefe Stille Seele heilend ummantelt
schweben im Sog des Sonnengoldes

Ein Moment
Tief in das Bewusstsein dringend
Bleibt im Bemühen vom Begreifen

Leben ist das kostbarste Gut
des Menschen

Regina Lehrkind

WOCHENREFLEKTION
GenussHappen

Was ist diese Woche besonders gut gewesen?

....

....

....

....

Wofür bist du dankbar?

....

....

....

....

Worauf bist du stolz?

....

....

....

....

Was macht dich glücklich?

....

....

....

....

Sei ehrlich zu dir! Wieviel Zeit hast du dir gegönnt?

....

....

....

....

Sei ehrlich zu dir! Wieviel Zeit hast du dir genommen, um zu genießen?

....

....

....

....

Was sind deine Genuss-/Ziele für die kommende Woche?

....

....

....

....

Was möchtest du nicht mehr tun, weil es dich nicht in die Umsetzung kommen lässt?

....

....

....

....

Welche Dinge laufen bereits gut und möchtest du vertiefen?

....

....

....

....

GENUSSHAPPEN

Nicht für nebenbei!

Für mich bedeutet Genuss Zeit für eine spezielle Sache oder einen Menschen zu haben. Ich habe somit die Chance, mich in diesem Moment konkret darauf zu konzentrieren und dafür offen zu sein.
Meine Genussmomente:
Mich mit lieben Menschen zu umgeben, im besten Fall auch mit einem guten Wein und leckerem Essen.

Kerstin Kettern
Betriebswirtin für Kommunikation und Büromanagement

GENUSSHAPPEN

Nicht für nebenbei!

Mein Freund und Mentor, der für mich wie ein Vater war, wurde plötzlich aus meinem Leben gerissen.

Dadurch habe ich einen neuen Blick auf das Thema „Genuss" gewonnen!

Ich habe lange darüber nachgedacht, was Genuss für mich bedeuten könnte … und jetzt weiß ich, dass ich jeden Tag bewusst wahrnehmen, ausleben und feiern sollte!

Als Koch genieße ich es mit guten Produkten zu arbeiten! Ich bereite gerne meinen Gästen, Freunden und Familie gustatorischen, olfaktorischen und visuellen Genuss zu! Das ist mein Leben!

Einen guten Wein zu trinken, wunderbar zu essen, Rückhalt zu erleben, Zeit zu haben - mit guten Gesprächen und: gemeinsam mit Freunden zu wachsen! Das ist für mich echter Genuss!

Der wahre Genuss ist die Gesellschaft – mit WEM ich genieße!

Lukas Schild
Küchenchef im Restaurant SCHORN

WOCHE 18

GenussHappen

Wir schauen uns in die Augen.

Eine ganze Weile.

...ohne eine Absicht.

Zwischendurch senkt sich der Blick.

Dann wieder Auge in Auge.

Ruhe kehrt ein.

Wir schweigen uns an.

Wir sehen uns an.

Wir SEHEN uns.

Nähe

Wärme.

Verbundenheit.

Noch ein Lidschlag

und wir umarmen uns.

In Freundschaft.

In tiefer Freundschaft!

Christine Carus

WOCHE 18
GenussHappen

Architektur ist mehr als nur das Schaffen von schönen Lebensräumen. Eindrucksvolle Bauten bringen uns zum Staunen, denn sie haben ihr eigenes Narrativ. Wir Laien können nur Fragmente von Handwerk, Formensprache, Geradlinigkeit, Hightech, Nachhaltigkeit, Kunst, Moderne, filigranen Elementen erahnen.

Im Medienhafen in Düsseldorf finden wir Erzähldichte – Bauten von Frank Gehry, Flossies von Rosalie (leider nicht mehr am Gebäude). Ein Ort, der zum Verweilen und zum Schauen einlädt.

Die Lichtspiele in der Sagrada Familie – Gaudis gigantisches Bauwerk in Barcelona – haben mich bis in mein tiefstes Inneres berührt.

Der kinetische und fließende Baustil von Zaha Hadid übt eine große Faszination aus und lässt die Gedanken fließen. Die große Architektin wird auch liebevoll „Königin der Kurven" genannt. Ich erinnere mich an den Moment, wo ich mich an dem Havenhuis in Antwerpen nicht satt sehen konnte. Im strahlenden Sonnenschein die Spiegelungen in den Scheiben, die Schatten auf dem Wasser tanzen zu sehen.

Regina Lehrkind

WOCHE 18

GenussHappen

Da steht er. Der minikleine - massiv Bronze - Buddha. Eine zwei Zentimeter kleine Figur, die meine Eltern mir mitbrachten aus einem Südostasien Urlaub. Sie berichteten mir, er sei geweiht. Dieser Buddha stünde für Glück und Erfolg, Licht und Liebe und für alles, was mir Energie brächte.

Dieser kleine Buddha steht seit langer Zeit auf meinem Schreibtisch. Immer wieder werfe ich den Blick auf ihn und bin in einem so guten Gedanken, dass ich direkt lächeln muss. Es geht nicht nur um das, was dieser Buddha für mich vermeintlich in mein Leben bringt, sondern es geht um den liebevollen Gedanken, den meine Eltern für und an mich hatten, als sie diesen „gefunden haben" und vor allen Dingen für mich „segnen" ließen.

Ich genieße meine Gedanken, ich genieße die gefühlte Liebe. Ich genieße die Wirkung auf mich, meine Laune, meine Energie, meinen Erfolg, auf mein Leben. Liebe ist Genuss.

Christine Carus

WOCHE 18

GenussHappen

Donnerstag

Lebensräume werden von uns selbst oder von Architekten kreiert.
Sie erzählen Geschichten über uns bzw. von den Bewohnern.
Alte Kachelöfen, Holzdecken, Fliesenböden, kleine Hinterhöfe, diese
Besonderheiten im Getümmel einer Stadt zu entdecken, bedeutet
mit offenen Augen zu sehen. Geschichte und Geschichten werden
spürbar. Sie flüstern leise von Freud und Leid, wenn du dich darauf
einlässt.
Es sind Melodien, die Städte in sich tragen und leise summen.

Regina Lehrkind

WOCHE 18

GenussHappen

Oh, mein Gott ... Was hast du denn jetzt wieder zu nöhlen? Du meckerst schon mindestens seit zehn Minuten rum.

Wir sind im Urlaub. Die Sonne scheint. Das Meer ist sauber. Vierzehn Tage arbeitsfreie Zeit! Es ist warm. Wir sind gesund.

Bisher keinen Sonnenbrand und auch so keine Malesten.

Okay, wir haben jetzt den vierten Tag am großen Buffet des Hotels die gleiche Auswahl an Brotsorten.

Wo ist dein Problem?

Ach, und das Wasser beim Abendessen schmeckt dir auch nicht. Du hättest lieber eine andere Sorte. Mimimi!

Die Marmelade! Was ist mit der Marmelade? Schmeckt nicht wie „Erdbeere" zu Hause?!

Nee ... wir sind ja auch nicht zu Hause!

Ich fasse es nicht!

Das Essen ist top. Den Wein magst du auch. Die Tischwäsche ist sauber. Der Service ist nett.

Jetzt hör doch einfach mal auf dich zu beschweren und genieße alles das, was so gut gelungen ist! Das ist nämlich ganz schön viel!

Christine Carus

WOCHE 18

GenussHappen

Tage
wie diese
vergehen

Komm mit
auf meinen Weg
und teile
meine Genussfreude

Morgen -
Es bleibt
die Erinnerung
an heute

Regina Lehrkind

WOCHENREFLEKTION
GenussHappen

Sonntag

Was ist diese Woche besonders gut gewesen?

....

....

....

....

Wofür bist du dankbar?

....

....

....

....

Worauf bist du stolz?

....

....

....

....

Was macht dich glücklich?

....

....

....

....

Sei ehrlich zu dir! Wieviel Zeit hast du dir gegönnt?

....

....

....

....

Sei ehrlich zu dir! Wieviel Zeit hast du dir genommen, um zu genießen?

....

....

....

....

Was sind deine Genuss-/Ziele für die kommende Woche?

....

....

....

....

Was möchtest du nicht mehr tun, weil es dich nicht in die Umsetzung kommen lässt?

....

....

....

....

Welche Dinge laufen bereits gut und möchtest du vertiefen?

....

....

....

....

GENUSSHAPPEN

Nicht für nebenbei!

Genuss bedeutet für mich, ganz im Moment zu sein und mit Freude etwas zu erleben, ohne an anderes zu denken. Es ist, etwas zu tun, das mir Spaß macht, oder kleine Dinge wie die Wärme der Sonne an einem kalten Tag bewusst zu genießen.

Genuss kann ein Moment der Ruhe in der Natur, das Hören eines schönen Musikstücks oder Zeit mit lieben Menschen bei tiefgründigen Gesprächen sein. Auch körperliche Nähe mit einem geliebten Menschen gehört dazu.

Andreas Franz
Lebensarchitekt

GENUSSHAPPEN

Nicht für nebenbei!

Genuss ist für mich, abschalten zu können. Abschalten von der Außenwelt. Bei strahlendem Sonnenschein die Augen schließen, die Wärme auf der Haut spüren, keine Geräusche wahrnehmen nur die Musik aus den Kopfhörern, die die Richtung wechselt und Deinen Geist mittanzen lässt in einem Abenteuer nur für Dich, nur für fünf Minuten. Das ist für mich Genuss.

Dirk Schmidt
Immobilienmakler und Dozent

Ätherische Öle

- Regina Lehrkind -

Ätherische Öle – kraftvolle Pflanzenextrakte – begleiten mich seit einigen Jahren. Aufgrund ihrer vielfältigen Anwendungsmöglichkeiten sind sie die schnellen Helfer in meinem Alltag.

Zunächst habe ich die Öle aufgrund des wohltuenden Duftes eingesetzt. Dies half mir ganz nebenbei beim Abbau von Stress (Lavendelöl) und bei der Verbesserung der Schlafqualität (Sandelholz).

Wie funktioniert das? Die Duftmoleküle des ätherischen Öls gelangen über die Nase in unser Gehirn. Düfte haben – anders als andere Sinnesreize, die über die Großhirnrinde verarbeitet werden – einen direkten Draht zum limbischen System. Dies ist der Bereich, der für Emotionen, Verhalten und Gedächtnis zuständig ist. Der Duft von Lavendel erinnert mich an seine beruhigende Wirkung und vor meinem Auge sehe ich die großen lila Lavendelfelder in der Provence. Da die Verbindung von Nase und limbischen System sehr kurz ist, tritt die erste Linderung innerhalb weniger Sekunden ein. Durch die Aktivierung des limbischen Systems können weitere Reaktionen ausgelöst werden. Atmung, Muskelspannung oder der Herzschlag können sich verändern.

Pfefferminzöl wirkt auf mich belebend und erfrischend. Das Öl hilft mir zum Beispiel bei Kopfschmerzen. Lemongrass ist ein vitalisierendes Öl. Ich gebe einige Tropfen des Öls in meinen Diffuser, den ich versteckt im Schal trage. Das zitrische Aroma hellt meine Stimmung auf.

Mit ätherischen Ölen habe ich die Möglichkeit, mein Zuhause auf natürliche Art und Weise zu reinigen bzw. zu desinfizieren. Dazu verwende ich Zitrusöle, die viel schonender und sanfter als chemische Mittel sind. Durch ihre Vielseitigkeit lassen sie sich einfach in den Alltag integrieren.

Für mich sind die ätherischen Öle eine wertvolle Bereicherung und wohltuende Ergänzung meines Lebens. Sie unterstützen mein emotionales und körperliches Wohlbefinden auf eine einfache Weise. Auch meinem Haustier tun sie gut (beachte bitte, eine andere Dosierung anzuwenden als beim Menschen!). Nino (Labrador) liebt den Duft von Lavendel und legt sich in die Nähe des Diffusors, wenn ich Lavendelöltropfen in das Wasser gegeben habe und das Gerät starte. Öle einzuatmen oder auf der Haut einzumassieren, lassen mich im Moment, ganz bei mir sein. Es schärft meine Sinne und stärkt meine Achtsamkeit.

Ich verwende meine Öle topisch und innerlich:

- Aromatherapie (Inhalation)
- Hautanwendung (Massage/Pflege/Bäder)
- Mund-/Zahnpflege
- Luftreinigung (Diffuser)
- Kochen/Backen
- Zugabe in Getränken

Bei den Ölen ist es ratsam sich an die Dosierungsempfehlungen zu halten. Auf der Haut sollte das Öl mit einem fraktionierten Kokosöl aufgetragen werden, um Hautreizungen auszuschließen. Innerlich gilt es ebenfalls, sich an die ordnungsgemäße Dosierung zu halten, um toxische Reaktionen zu vermeiden. Für alle Anwendungsmethoden gilt es, sich an spezifische Anweisungen und Sicherheitsinformationen zu halten und diese zu befolgen.

GENUSSHAPPEN
Nicht für nebenbei!

Genuss ist bewusste Entscheidung zur Selbstliebe, Liebe, Achtsamkeit und Respekt vor sich selbst* (*Danke, lieber Marvin Stiebler, für diese wertvolle Ergänzung!). Wie kostbar Genuss ist und was Genuss bedeutet, wurde mir im Schreiben dieses Buches einmal mehr deutlich.

Genuss ist vergänglich wie wir Menschen.

Genuss ist vergänglich wie Schönheit und Glück.

Genuss ist eine Anstiftung unserer Sinne.

Genuss ist Fantasie, Lust, Düfte, Farben, Glut, Zärtlichkeit, Aufbruch.

Genuss ist Reflektion aus unserem Innersten.

Genuss ist das ZuhauseGefühl, die Umarmung in fragmentierter Zeit.

Genuss ist die perfekte Mischung aus Licht und Buch.

Genuss ist das Bad in Buchstaben und Worten.

Genuss ist die Begegnung mit Persönlichkeiten in Büchern.

Genuss ist Wohlgefühl.

Genuss ist ein Kraftorgan.

Genuss ist das Erleben von Schönheit.

Genuss ist Sehfreude ohne Rahmen.

Genuss ist Staunen und Erkenntnis.

Genuss ist Lächeln ohne Maske.

Genuss ist der Blick auf das Innere.

Genuss ist sinnlich.

Genuss ist Befriedigung.

Genuss ist die prickelnde Erinnerung aus Gestern.

Genuss ist Leidenschaft.

Genuss ist Freiheit.

Genuss ist die Begegnung mit dir.

Genuss ist flüchtig.

Genuss ist ein anderes Sehen, Hören, Spüren, Riechen, Schmecken.

Es verändert unsere Welt.

Genuss ist Seelenfülle.

Regina Lehrkind

DANKE

Danke liebe Christine, dass du dich auf dieses wundervolle Genussexperiment eingelassen hast. Ich konnte mir keine andere Genussbotschafterin an meiner Seite für das Buch – unser gemeinsames Herzensprojekt – vorstellen. Es öffnete uns beiden Türen, die keinen Rahmen mehr hatten. Unsere Sehfreude schärfte sich, die Sinne ließen sich verführen, ein Abtauchen in tiefes und bewusstes Erleben, ein sich Versenken in Staunen und Seelenfülle.

Gemeinsam danken wir André Bilz und unseren GenussHappen-Autoren für ihre kostbare Zeit und ihre Gedanken, die sie geteilt haben: Andreas Breidert, Philipp Erik Breitenfeld, Sabine Broekmann, Carl, Andreas Franz, Oliver Groß, Christian Häring, Rebecca Heiduk, Neo Helm, Sandra Hufnagel, Marianne Janc, Christian Josephi, Nadja Karim, Kerstin Kettern, Doris Lehrkind, Ferdinand Lehrkind, Andreas Lieser, Vera Nentwich, Catrin Ponciano, Yvonne Powell, Henning Prager, Sonja Pusceddu, Stephan Rambacher, Barbara-Christine Schild, Lukas Schild, Dirk Schmidt, Rolf Schmidt, Andreas Schmitz, Joshua Schulz, Mario Schwarz, Tanja Spezia, Ulrich Wedding und Sven Zerwas.

Es war uns ein Genuss mit welcher Freude ihr uns unterstützt habt. Unsere Genussreise hat gerade erst begonnen und nimmt weiter Fahrt auf.

DIE AUTORIN

Christine Carus

Die Klarheit der Gedanken schafft Positivität, Energie und Leichtigkeit bei gleichzeitigem Erfolg! Mit meinem Konzept der "Gedankenhygiene" motiviere und inspiriere ich Menschen, Verantwortung für Ihre Handlungen zu übernehmen. Ich unterstütze meine Coachees, Gestalter ihres Lebens zu werden, zu sein und/oder zu bleiben.

Mehr Informationen unter: https://christinecarus.de/

DIE AUTORIN

Regina Lehrkind

Als BuchMentorin unterstütze und begleite ich Unternehmer:innen, Expert:innen, Trainer:innen, Coaches in dem Prozess des Buchschreibens. Ein Buch ist der beste Weg, sich als Expert:in zu positionieren und es unterstützt das eigene Marketing. Dein Expertenbuch schafft bei Kunden Grundvertrauen in dein Wissen.

Mehr Informationen unter: https://reginalehrkind.de/

DER AUTOR
André Bilz

Als ausgebildeter Edelbrand Sommelier und geübter Sensoriker ist meine Motivation etwas Besonderes zu schaffen. Handarbeit und Leidenschaft bilden die Basis meines Schaffens. Als Branchenexperte bin ich unter anderem als Juror bei verschiedenen internationalen Prämierungen tätig, biete Produkt- und Brennereiberatungen sowie Tastings und auch eigene Produkte in exklusiven Kleinserien.

Mehr Informationen unter: https://sommeliers-choice.com